숏폼 콘텐츠의 시대, AI로 쉽고 빠르게 시작하기

AI를 활용한 숏폼 영상 제작 가이드

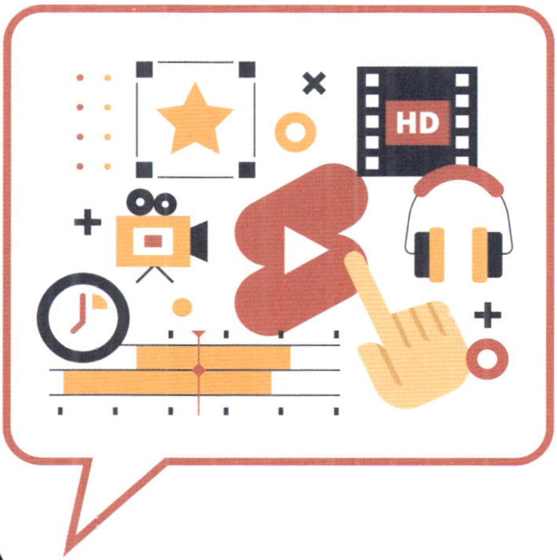

글. 장세인

영상전문 PD가 알려주는 숏폼 영상 제작의 모든 것!

" 기초부터 고급까지, 최신 AI 기술로 쉽고 빠르게! "

AI가 바꾸는 숏폼 콘텐츠의 미래, 지금 시작하세요!

WEMAKEBOOK

차례

- 서문   6
- 책 내용과 추천 대상   8

1장   숏폼 콘텐츠의 이해와 트렌드

- 01   숏폼 콘텐츠란 무엇인가?   14
- 02   숏폼 콘텐츠의 인기 이유   15
- 03   주요 플랫폼과 특징 비교   19
- 04   숏폼 콘텐츠 제작에 필요한 기본 장비와 환경   24
- 05   숏폼 촬영의 유용한 팁   26

2장   기획과 스토리텔링과 노출전략

- 01   숏폼 콘텐츠 기획의 중요성   34
- 02   AI로 트렌드 분석 및 아이디어 발굴   38
- 03   초반 3초를 잡아라 훅(Hook) 설정 방법   44
- 04   영상 전용 레이아웃 디자인 방법   50
- 05   타겟 시청자 맞춤형 스토리텔링   55
- 06   효과적인 해시태그와 키워드 선택   60
- 07   썸네일 제작과 제목 작성 요령   66
- 08   업로드 시간과 시청자 타겟팅 전략   71

3장   CapCut으로 시작하는 영상 편집

- 01   CapCut 기본 익히기   78
- 02   CapCut 인터페이스 둘러보기   84
- 03   CapCut의 기본 기능 이해하기   89
- 04   CapCut 자막과 요소 추가   95
- 05   CapCut에서 음악 및 음향 효과 활용법   106
- 06   CapCut의 전환, 비디오 효과, 필터 활용법   113
- 07   CapCut에서 영상 및 이미지에 애니메이션 적용 방법   119
- 08   CapCut의 AI 기능과 활용법   124
- 09   영상 기본 지식   134

4장   Vrew로 쉽고 빠르게 자막 작업하기

- 01   영상 편집 도구 브루(Vrew) 소개   144
- 02   Vrew르 기본 편집 익히기   147
- 03   Vrew 틱스트로 비디오 만들기   157
- 04   Vrew 팀플릿을 활용한 쇼츠 제작 가이드   161

5장   디자인 도구를 활용한 숏폼 콘텐츠 제작

- 01   망고보드로 인스타그램용 이미지 제작하기   166
- 02   미리캔버스를 활용한 유튜브 채널 아트와 배너 제작하기   173
- 03   Tyle.io를 활용한 카드 뉴스형 숏폼 제작   178
- 04   Playground를 활용한 로고 디자인   184

6장   실전 프로젝트 - 숏폼 영상 제작의 모든 것

- 01   트렌드 리액션 영상 만들기   192
- 02   제품 리뷰와 언박싱 콘텐츠 제작   198
- 03   정보성/고육성 숏폼 콘텐츠 제작   204
- 04   브랜드 스토리를 담은 홍보 영상 만들기   210

부록

- A   숏폼 어플과 AI 도구활용   216
- B   자주 발생하는 문제 해결 및 Q&A   227

서문

숏폼 콘텐츠의 시대, 나만의 콘텐츠로 빛나세요!

소셜미디어와 동영상 플랫폼이 우리의 삶 깊숙이 자리 잡으면서, 숏폼 콘텐츠는 단순한 유행을 넘어 오늘날의 주요 소통 방식으로 자리 잡았습니다. 유튜브 쇼츠, 틱톡, 인스타그램 릴스 등에서 짧고 강렬한 영상이 어떻게 사람들의 관심을 사로잡고, 나아가 새로운 기회를 창출하는지 이미 목격하고 있습니다.

그러나 누구나 숏폼 콘텐츠 제작이 가능한 환경이 되었음에도, 처음 시작하려는 사람들은 어디서부터 어떻게 시작해야 하는지 막막할 때가 많습니다.

위와 같은 고민이 크리에이터 지망생의 첫걸음을 어렵게 만들기도 합니다.

이 책은 이러한 고민을 해결하고, 숏폼 콘텐츠 제작의 전 과정을 친절히 안내하기 위해 기획되었습니다.

CapCut과 Vrew 같은 직관적인 편집 도구, 틱톡 보정 어플로 간단히 분위기를 연출하는 방법, 망고보드와 미리캔버스로 감각적인 디자인을 더하는 법, 그리고 SEO와 해시태그 최적화로 노출을 극대화하는 팁까지 실용적이고 구체적인 방법을 담았습니다.

특히, 최신 AI 기술을 활용해 시간을 절약하고 효율적으로 작업하는 방법에 초점을 맞추었습니다. 예를 들어, CapCut의 자동 자막 생성 기능, Vrew의 음성 인식 텍스트 변환, 그리고 뤼튼을 활용한 해시태그와 키워드 SEO 최적화는 여러분의 콘텐츠가 더 많은 사람에게 도달하도록 돕는 강력한 도구가 될 것입니다.

숏폼 콘텐츠 제작은 그저 기술만 필요한 작업이 아닙니다.
스토리텔링, 창의력, 감각적 표현이 더해질 때 진정으로 빛을 발합니다.

이 책은 기초부터 고급까지 모든 단계를 아우르며, 여러분이 독창적이고 트렌디한 콘텐츠를 제작할 수 있도록 영감과 실질적인 도움을 제공할 것입니다.

이 책을 통해 자신만의 개성을 담은 콘텐츠로 세상과 소통하며, 더욱 크고 창의적인 발걸음을 내딛기를 바랍니다.

이제, 숏폼 콘텐츠 제작의 여정을 함께 시작해 볼까요?

저자 장세인

책 내용

이 책은 숏폼 콘텐츠 제작에 필요한 모든 과정을
체계적으로 안내하는 실용서입니다.

CapCut, Vrew, 틱톡 보정 어플, 망고보드, 미리캔버스, Tyle.io 등 다양한 도구를 활용하여 초보자도 쉽게 고품질의 숏폼 콘텐츠를 제작할 수 있도록 돕습니다.

영상 기획에서부터 촬영, 편집, 자막 추가, 디자인, 업로드 및 SEO 최적화에 이르는 전 과정을 다루며, 특히 AI 기능과 디자인 템플릿을 활용해 작업 시간을 절약하고 효율을 극대화하는 방법을 제시합니다.

이 책은 숏폼 콘텐츠 제작이 처음인 초보자부터 SNS 플랫폼에서 트렌드에 맞는 영상을 제작하고자 하는 크리에이터까지, 다양한 독자층이 실질적으로 활용할 수 있도록 구성되었습니다.

실전 예제와 최신 트렌드 분석을 통해 독자들이 플랫폼에 최적화된 콘텐츠를 제작하고, 이를 통해 더 많은 노출과 성과를 얻을 수 있도록 지원합니다.

추천 대상

이 책은 숏폼 콘텐츠 제작에 관심이 있거나, 관련 기술을 배우고 싶은 다양한 독자층을 대상으로 합니다. 초보부터 경험자까지 모두에게 실질적인 도움을 제공하며, 다음과 같은 독자들에게 특히 유용합니다.

숏폼 콘텐츠 제작을 처음 시작하는 초보자

- 영상 제작 경험이 없거나 기초적인 지식만 가지고 있는 분들
- 스마트폰과 간단한 어플만으로 손쉽게 콘텐츠를 제작하고자 하는 분들
- CapCut, Vrew, 틱톡 어플 등의 사용법을 처음 배우고 싶은 분들

유튜브 쇼츠, 틱톡, 인스타그램 릴스 크리에이터

- 자신만의 스타일을 가진 숏폼 콘텐츠로 팔로워를 늘리고 싶은 크리에이터
- 최신 트렌드와 AI 도구를 활용해 효율적으로 콘텐츠를 제작하고 싶은 분들
- 시청자에게 더욱 매력적인 콘텐츠를 제공하고 채널 성장을 목표로 하는 유튜버와 틱톡커

브랜드와 제품을 홍보하려는 개인 사업자 및 마케터

- 숏폼 콘텐츠를 활용해 제품 리뷰, 브랜드 소개, 프로모션 영상을 제작하고자 하는 소상공인
- SNS 마케팅 전략의 일환으로 콘텐츠 제작과 노출 최적화를 고민하는 디지털 마케터
- 광고비를 최소화하면서 효과적으로 타겟 고객과 소통하고자 하는 개인 사업자

창의적이고 감각적인 영상 콘텐츠를 제작하고 싶은 디자이너 및 영상 제작자

- 망고보드, 미리캔버스, Vyle.io와 같은 디자인 도구를 활용해 시각적으로 매력적인 콘텐츠를 제작하고 싶은 분들
- 숏폼 콘텐츠 디자인과 영상 편집을 접목해 완성도 높은 결과물을 만들고 싶은 디자이너

숏폼 콘텐츠의 최신 트렌드와 기술을 배우고 싶은 교육자 및 콘텐츠 기획자

- 학생이나 학습자들에게 숏폼 콘텐츠 제작 과정을 가르쳐야 하는 교육자
- 기업, 기관, 또는 개인 프로젝트에서 영상 콘텐츠를 기획하고 제작하고자 하는 콘텐츠 기획자

이 책을 통해 얻을 수 있는 것

- **실질적인 편집 기술**: CapCut, Vrew, 틱톡 보정 어플 등 도구를 활용해 쉽고 빠르게 콘텐츠를 제작할 수 있는 기술

- **효율적인 AI 활용법**: AI 기능으로 작업 시간을 줄이고, 창의적인 결과물을 얻는 방법

- **SNS 플랫폼 최적화 팁**: 해시태그와 키워드 SEO 최적화로 콘텐츠의 노출을 극대화

- **독창적 스토리텔링 방법**: 시청자의 마음을 사로잡는 스토리 구상과 효과적인 연출 기법

이 책은 숏폼 콘텐츠 제작을 위한 길잡이로, 독자들이 자신의 아이디어와 메시지를 영상으로 표현하고, 이를 통해 더 많은 사람들과 연결될 수 있도록 도울 것입니다.

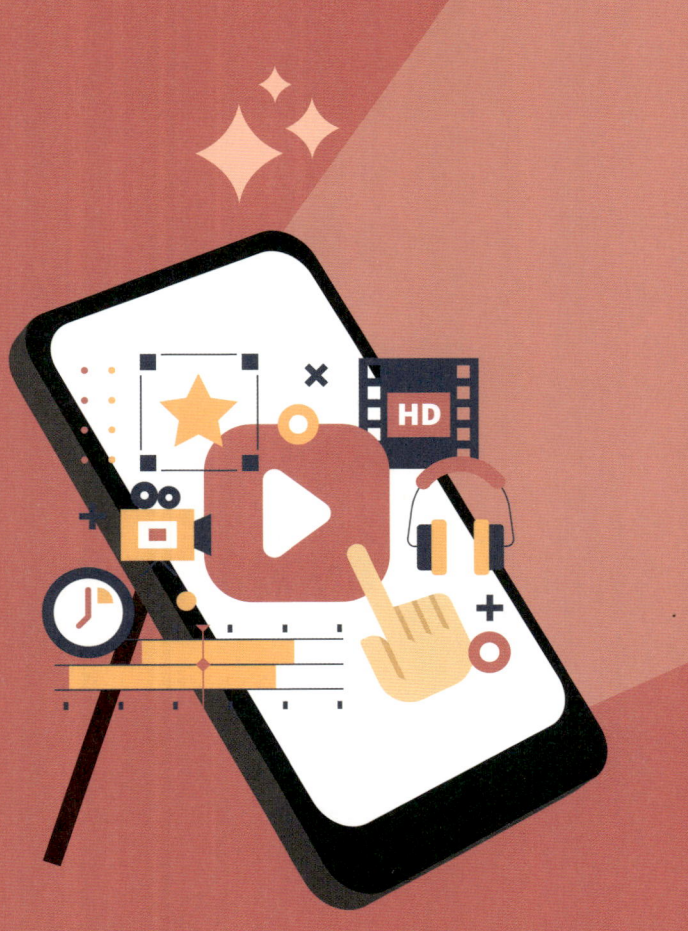

1장
숏폼 콘텐츠의 이해와 트렌드

01 __ 숏폼 콘텐츠란 무엇인가?

02 __ 숏폼 콘텐츠의 인기 이유

03 __ 주요 플랫폼과 특징 비교

04 __ 숏폼 콘텐츠 제작에 필요한 기본 장비와 환경

05 __ 숏폼 촬영의 유용한 팁

학습 목표

1. 숏폼 콘텐츠의 정의와 역사적 배경을 이해한다.
2. 숏폼 콘텐츠가 MZ세대와 디지털 시대에서 인기 있는 이유를 분석한다.
3. 주요 플랫폼의 특징과 숏폼 콘텐츠를 지원하는 방식에 대해 비교 분석한다.
4. 숏폼 콘텐츠 제작에 필요한 기본 장비와 환경을 이해하고 준비할 수 있다.
5. 숏폼 촬영의 유용한 팁을 학습하여 실전에서 활용한다.

01 숏폼 콘텐츠란 무엇인가?

숏폼 콘텐츠는 대개 1분 내외의 짧은 영상 콘텐츠로, 유튜브 쇼츠(Shorts), 인스타그램 릴스(Reels), 틱톡(TikTok)과 같은 플랫폼에서 주로 소비되는 형식입니다. 일반적으로 다음과 같은 특징을 갖습니다.

- **짧은 길이:** 평균 15초~60초의 영상으로, 긴 설명 없이 핵심 메시지만을 전달합니다.

- **집중된 메시지:** 제한된 시간 내에 정보를 전달해야 하므로, 메시지가 간결하고 시각적으로 강렬하게 표현됩니다.

- **높은 몰입도와 접근성:** 스마트폰으로 쉽게 촬영하고 편집할 수 있어 접근성이 높으며, 짧은 시간 안에 시청자의 관심을 끌기 쉽습니다.

- **다양한 형태의 콘텐츠:** 유머, 리뷰, 튜토리얼, 일상 브이로그 등 다양한 주제로 구성되며, 특정 해시태그나 챌린지 형식으로 확산되는 경우가 많습니다.

02 숏폼 콘텐츠의 인기 이유

숏폼 콘텐츠는 오늘날 모바일 중심의 디지털 환경에서 매우 인기를 끌고 있으며, 그 이유는 다음과 같습니다.

- **짧은 시간 내 높은 정보량 전달**: 시청자들은 짧은 시간 내에 콘텐츠를 빠르게 소비하면서 다양한 정보를 얻을 수 있어 효율적입니다.

- **간편한 제작과 접근성**: 누구나 스마트폰만으로도 쉽게 촬영하고 편집할 수 있어 개인과 브랜드 모두 손쉽게 참여할 수 있습니다.

- **알고리즘 최적화**: 유튜브, 틱톡, 인스타그램 등의 플랫폼은 숏폼 콘텐츠를 선호하며, 자동으로 시청자에게 추천되는 시스템을 통해 빠른 노출이 가능합니다.

- **높은 확산성과 바이럴 가능성**: 짧고 강렬한 메시지가 SNS에서 쉽게 공유되며, 해시태그와 트렌드 챌린지를 통해 급격히 확산될 가능성이 높습니다.

- **높은 시청자 몰입도**: 숏폼은 짧은 시간 동안 시청자의 관심을 끌어내고 몰입을 유지하게 하기 때문에 브랜딩과 마케팅 측면에서도 효과적입니다.

숏폼 콘텐츠가 인기있는 이유는 변화하는 미디어 소비 트렌드와 시대적 요구를 반영하기 때문입니다.
특히 **MZ세대**(밀레니얼+Z세대)가 숏폼 콘텐츠의 주요 소비층으로 자리 잡으며, 그들의 라이프스타일과 심리적 특징이 숏폼 콘텐츠의 폭발적인 성장을 이끌고 있습니다.

1. MZ세대와 숏폼 콘텐츠의 상관관계

1) 짧은 이야기를 선호하는 세대
- MZ세대는 짧고 강렬한 정보를 선호합니다.
- 긴 호흡의 콘텐츠보다 간결한 메시지에 매료되며, 처음 몇 초 안에 흥미를 느끼지 못하면 콘텐츠를 떠나는 경우가 많습니다.

2) 체리피커 성향
- MZ세대는 **체리피커(Cherry Picker)**와 같은 소비 성향을 보입니다.
- **체리피커**: 필요한 정보나 매력적인 부분만 골라 소비하는 경향.
- 그들은 숏폼 콘텐츠를 통해 콘텐츠의 **"체리"**에 해당하는 달콤한 순간에만 만족합니다.

예 ▶ "이 영화의 하이라이트만 보여줘", "레시피 핵심만 알고 싶어".

2. 과몰입 대상의 과잉과 숏폼의 역할

1) 과몰입할 대상이 너무 많다
- 현대 사회는 콘텐츠의 다양성과 플랫폼의 확장성으로 인해, 사람들이 몰입할 수 있는 대상이 폭발적으로 증가.
- OTT, 유튜브, SNS 등 매체가 넘쳐나면서 모든 콘텐츠를 깊이 몰입하여 소비할 시간이 부족.
- 숏폼 콘텐츠는 짧은 시간에 많은 콘텐츠를 접할 수 있도록 하여 이러한 과잉을 해결합니다.

2) 정보의 홍수 속 선택과 집중
- 정보 과잉 시대에서 필요한 내용만 골라 보는 능력이 중요.
- 숏폼 콘텐츠는 핵심만 전달하며, 정보 소화 시간을 단축.

예 ▶ 10초 만에 핵심 뉴스 보기, 60초 안에 트렌드 파악하기

3. MZ세대의 디지털 심리와 숏폼의 적합성

1) 즉각적인 만족감 추구
- MZ세대는 디지털 환경에 익숙하며, 즉각적인 피드백과 만족을 선호합니다.

  예 ▶ SNS의 좋아요, 댓글, 짧은 영상에서 빠르게 느끼는 감정적 반응

- 숏폼 콘텐츠는 이들에게 즉각적이고 강렬한 경험을 제공합니다.

2) 멀티태스킹 세대
- 이들은 동시에 여러 작업을 수행하며, 집중력이 짧은 편.
- 긴 영상에 몰입하기보다는 짧은 영상을 틈새 시간에 소비.

  예 ▶ 지하철에서 TikTok 클립 보기, 대기 중 인스타그램 릴스 스크롤

3) FOMO(Fear of Missing Out) 심리
- **FOMO:** 중요한 정보를 놓칠지 모른다는 두려움.
- 숏폼 콘텐츠는 트렌드를 빠르게 접하고 공유할 수 있는 매체로 작용하며, 이들의 불안감을 해소합니다.

4. 숏폼 콘텐츠가 시대적 요구를 충족하는 이유

1) 시간의 가치가 높아진 시대
- 현대인은 과거보다 더 바쁜 라이프스타일을 유지하며, 시간을 가치 있게 사용하려는 경향이 강함.
- 숏폼 콘텐츠는 최소한의 시간 투자로 최대한의 정보와 재미를 제공.

2) 모바일 퍼스트 세대
- MZ세대는 모바일 중심의 콘텐츠 소비에 익숙합니다.
- 손쉽게 접속 가능하고, 한 손으로 조작할 수 있는 숏폼 콘텐츠는 모바일 환경에 최적화되어 있음.

3) 공유와 소통의 용이성
- 숏폼 콘텐츠는 길이가 짧아 SNS에서 공유와 소통이 빠르게 이루어짐.
- 친구나 팔로워에게 빠르게 전파하고 피드백을 주고받기 적합.

결론

숏폼 콘텐츠가 인기있는 이유는 MZ세대의 체리피커 성향, 과몰입할 대상의 과잉, 즉각적인 만족감 추구와 같은 심리적 특성과 시대적 요구에 완벽히 부합하기 때문입니다.
짧은 시간 안에 핵심 정보를 전달하고, 감정적 공감을 이끌어내는 숏폼 콘텐츠는 앞으로도 콘텐츠 시장에서 강력한 도구로 자리 잡을 것입니다.

03 주요 플랫폼과 특징 비교
(유튜브 쇼츠, 인스타그램 릴스, 틱톡 등)

숏폼 콘텐츠의 인기를 반영하여 많은 플랫폼이 각자의 특색에 맞는 숏폼 형식을 제공하고 있습니다. 각 플랫폼의 특징과 장점을 비교해 보겠습니다.

1. 주요 플랫폼

- **유튜브 쇼츠**는 기존 유튜브와 연동되어 콘텐츠를 긴 형식의 영상으로 연결할 수 있어, 브랜드 및 개인이 여러 콘텐츠를 시리즈로 제작하기에 유리합니다.

- **인스타그램 릴스**는 사진과 동영상을 함께 공유할 수 있는 인스타그램의 특성과 함께하여 친구와 연결되어 있는 네트워크 내에서 빠르게 확산됩니다.

- **틱톡**은 숏폼 콘텐츠의 대명사로 자리잡은 플랫폼으로, 독특한 음악과 필터, 트렌드 챌린지를 쉽게 제작할 수 있어 전 세계적으로 인기입니다.

2. 플랫폼별 권장 비율과 영상 길이

숏폼 콘텐츠는 플랫폼별 권장 비율과 길이를 준수할 때, 노출 가능성과 시청자 참여율이 크게 높아집니다. 각 플랫폼은 권장 사양에 맞춘 콘텐츠를 우선적으로 추천하기 때문에, 이에 맞춘 제작은 필수입니다.

1) 틱톡 (TikTok)

숏폼 콘텐츠의 선두주자로, 빠르고 유쾌한 콘텐츠가 주요 트렌드입니다.

- **권장 비율:** 9:16 (세로형)
  - 16:9 (가로형)과 1:1 (정사각형)도 지원되지만, 세로형이 노출 우선순위.
- **권장 길이:** 15-60초
  - 3분까지 업로드 가능하지만, 짧은 영상이 더 효과적.
  - 초반 3초 내에 강렬한 훅을 포함해야 함.
- **기타 팁:** 인기 음악이나 챌린지 활용 시 알고리즘 노출 확률 증가.

2) 인스타그램 릴스 (Instagram Reels)

인스타그램의 숏폼 전용 기능으로, 시각적 매력이 중요한 플랫폼입니다.

- **권장 비율:** 9:16 (세로형)
  - 4:5 비율로도 콘텐츠를 제작할 수 있으나, 세로형이 피드 및 탐색 화면에서 최적화.
- **권장 길이:** 15-30초 (최대 90초까지 가능하지만, 15초 내외가 참여율이 가장 높음)
- **기타 팁** – 텍스트와 자막은 화면 중앙에 배치하여 잘리지 않도록 주의.
  - 해시태그와 음악 사용으로 탐색 피드 노출 가능성 증가.

3) 유튜브 쇼츠 (YouTube Shorts)

유튜브 플랫폼 내 숏폼 영상 전용 섹션으로, 정보성 콘텐츠에 적합합니다.

- **권장 비율:** 9:16 (세로형)
  - 가로형과 정사각형도 가능하지만, 세로형이 최적화됨.

- **권장 길이:** 15-60초 (최대 60초 업로드 가능, 30초 내외가 시청 유지율에 유리)
- **기타 팁** – Shorts 태그를 제목과 설명에 추가해 알고리즘 최적화
  – 자막과 효과음 활용으로 시각적 집중력 강화.

4) 페이스북 릴스 (Facebook Reels)
중년층 및 가족 중심의 사용자가 많은 점을 고려한 전략이 필요합니다.

- **권장 비율:** 9:16 (세로형)
- **권장 길이:** 15-60초 (최대 90초까지 가능)
- **기타 팁:** 실용적인 정보와 일상 공유 콘텐츠가 높은 참여율.

5) 스냅챗 스포트라이트 (Snapchat Spotlight)
Z세대 중심의 플랫폼으로, 빠르고 유머러스한 콘텐츠가 효과적입니다.

- **권장 비율:** 9:16 (세로형)
- **권장 길이:** 15-60초 (짧고 빠른 템포의 콘텐츠 선호)
- **기타 팁:** 독특한 필터와 AR효과로 차별화.

3. 비율과 길이 설정 시 주의할 점

1) 비율 최적화
- 세로형(9:16)은 숏폼 콘텐츠 제작의 표준 비율로, 모바일 화면을 가득 채워 몰입감을 극대화.
- 가로형(16:9)은 정보성 콘텐츠에 적합하지만, 시청 유지율이 상대적으로 낮을 수 있음.

2) 길이와 내용의 조화
- 짧은 시간에 시청자를 끌어들이는 강렬한 훅이 중요.
- 권장 길이를 초과하지 않도록 대본과 편집 단계에서 분량 조정.

3) 콘텐츠 내용에 따라 조정
- 유머나 감정적 연결이 필요한 경우 짧게 (15-30초)
- 교육적 또는 정보성 콘텐츠는 길게 (45-60초)

플랫폼	권장 비율	권장 길이	특징 및 팁
틱톡	9:16	15-60초	트렌드 챌린지 / 인기 음악 활용 / 빠른 템포
인스타 릴스	9:16	15-30초 (최대 90초)	비주얼 중심 / 중앙 텍스트 배치 / 해시태그 중요.
유튜브 쇼츠	9:16	15-60초	#Shorts 태그 필수 / 정보성 콘텐츠 추천
페이스북 릴스	9:16	15-60초	실용적 정보와 일상 콘텐츠 적합
스냅챗	9:16	5-60초	Z세대 겨냥 / 필터와 AR 효과 활용

각 플랫폼별 권장 비율과 길이를 준수하면 노출 가능성과 시청 유지율이 높아집니다. **9:16 비율과 짧고 강렬한 영상 길이를** 기준으로 콘텐츠를 제작하되, 각 플랫폼의 특성에 따라 유연하게 전략을 조정하세요. AI 도구를 활용하면 편집과 기획 과정에서 더 높은 효율을 달성할 수 있습니다.

▶ 04 숏폼 콘텐츠 제작에 필요한 기본 장비와 환경

숏폼 콘텐츠 제작은 기본적으로 스마트폰만 있어도 충분히 가능합니다. 하지만 완성도 있는 콘텐츠 제작을 위해 몇 가지 장비와 환경을 갖추는 것이 도움이 됩니다.

1. 촬영 장비

- **스마트폰**: 최신 스마트폰은 고화질 촬영과 손떨림 방지 기능이 강화되어 있어, 별도의 장비 없이도 훌륭한 영상을 촬영할 수 있습니다.

- **삼각대**: 촬영 중 흔들림을 최소화하고, 안정적인 촬영을 위해 삼각대는 필수적인 장비입니다. 휴대성이 높은 미니 삼각대도 유용합니다.

- **조명 장비**: 자연광이 가장 좋지만, 실내나 밤 촬영 시 링라이트 같은 간단한 조명을 사용하면 얼굴이나 제품을 선명하게 비출 수 있어 시청자에게 깔끔한 화면을 제공합니다.

- **마이크**: 소리 전달이 중요한 경우 외부 마이크를 사용하는 것이 좋습니다. 스마트폰에 연결 가능한 핀 마이크는 가성비가 높고, 또렷한 소리를 확보하는 데 도움이 됩니다.

2. 편집 환경

- **편집 소프트웨어:** CapCut과 Vrew 같은 편집 앱은 기본적으로 무료로 제공되며, 자막 생성, 배경 음악 삽입, 필터 적용 등 다양한 편집 기능을 갖추고 있어 숏폼 콘텐츠 제작에 유용합니다.

- **클라우드 저장 공간:** 영상 파일은 용량이 크기 때문에 편집 중간중간 클라우드에 저장하면 기기 용량을 확보할 수 있고, 파일을 분실할 위험도 줄어듭니다.

- **편집 하드웨어**

사 양	캡컷 (CapCut)	브루 (Vrew)
운영체제	Windows 10 이상 또는 macOS 10.14 이상	Windows 10 이상 또는 macOS 10.12 이상
프로세서	Intel Core i 5 이상	
RAM	8 GB 이상	
저장 공간	1 GB 이상의 여유 공간	2 GB 이상의 여유 공간
그래픽 카드	NVIDIA GTX 1050 이상 또는 AMD 동급	Intel HD Graphics 5000 이상
인터넷 연결	소프트웨어 설치 및 업데이트를 위해 필요	

이 사양은 최소 요구 사항이므로, 더 높은 성능의 사양을 갖춘 컴퓨터를 사용할 경우 더 원활한 작업이 가능합니다.

05 숏폼 촬영의 유용한 팁

촬영 장비와 환경을 갖추었다면, 효과적으로 숏폼 콘텐츠를 연출할 수 있는 몇 가지 촬영 팁을 알아두는 것도 큰 도움이 됩니다. 간단한 소품과 주변 사물을 활용하여 컷과 컷 사이의 장면을 자연스럽게 연결하거나, 특정 분위기를 연출하는 데 유용한 팁을 소개합니다.

1. 주변 사물을 활용한 자연스러운 패닝 효과

- 벽이나 나무에서 시작하는 패닝 효과

벽이나 나무 같은 고정된 사물에서 카메라를 시작해, 왼쪽이나 오른쪽으로 이동시키며 패닝을 하면 장면이 자연스럽게 전환됩니다. 다음 장면도 유사한 패닝으로 시작하면 화면 연결이 매끄러워 시청자가 장면 전환을 부드럽게 받아들일 수 있습니다.

출처 ▶ https://www.instagram.com/aaa_tsushi_/reels/

• 모자를 이용한 패닝

모자를 살짝 들어 올렸다가 다시 씌우는 동작을 통해 화면 전환을 할 수 있습니다. 첫 장면에서 모자를 들고 다음 장면에서는 모자를 다시 내려쓰는 방식으로, 다른 장소나 상황으로 자연스럽게 넘어가도록 연결할 수 있습니다.

2. 카메라의 자동 노출 효과 활용하기

• 해질 무렵의 특별한 연출

스마트폰 카메라의 자동 노출 기능을 활용하면, 예를 들어 해질 무렵 화면에서 해 부분을 선택해 노출을 맞추면 자연스럽게 주변이 어두워지고 해가 밝게 보이는 연출을 얻을 수 있습니다. 이를 활용해 감성적인 분위기나 저녁 풍경을 더욱 극적으로 표현할 수 있습니다.

• 피사체 강조

피사체를 더 돋보이게 하고 싶다면 피사체를 터치해 초점과 노출을 맞추면 주변이 자연스럽게 어두워지거나 밝아져 대상이 강조됩니다. 이를 통해 제품 리뷰나 인물 촬영 시 더욱 선명하게 보이도록 연출할 수 있습니다.

출처 ▶ https://www.instagram.com/aaa_tsushi_/reels/

3. 줌인/줌아웃으로 장면 전환하기

• 줌인해서 사라지기 / 줌아웃으로 등장하기

첫 장면을 줌인하면서 마무리하고, 다음 장면을 줌아웃으로 시작하면 두 장면을 자연스럽게 연결할 수 있습니다.

예를 들어, 제품에 집중해서 줌인한 후 화면을 전환하고, 새로운 장면을 줌아웃하면서 시작하면 시청자의 시선을 끌어들이며 자연스럽게 흐름을 이어갈 수 있습니다.

4. 초점 전환으로 이동 효과 주기

• 초점 변경을 통한 움직임 연출

가까운 사물에 초점을 맞춘 뒤 점차 멀어지거나, 반대로 먼 피사체에서 가까운 피사체로 초점을 전환하는 방법으로 이동감을 연출할 수 있습니다.

이 기법은 두 장면을 연결하면서도 시청자의 주목도를 높이는 데 효과적입니다.

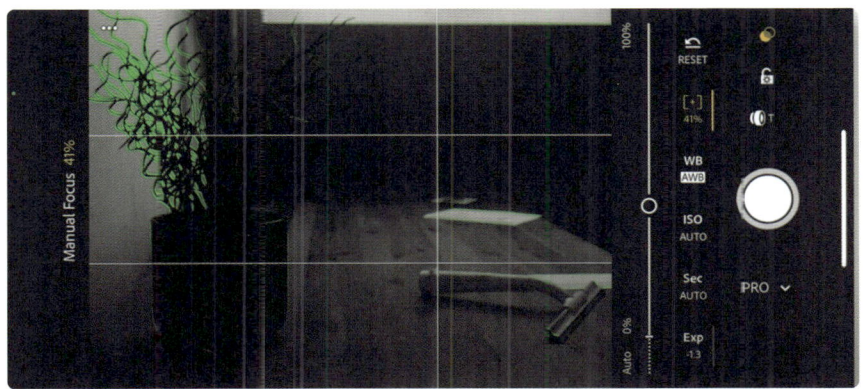

5. 시점 전환으로 몰입감 높이기

・눈을 가린 후 시점 전환하기

카메라를 손이나 소품으로 잠시 가렸다가 다음 장면에서 다시 열어 시점이 바뀐 것처럼 연출할 수 있습니다. 이 방법은 순간 이동하는 듯한 효과를 주며, 장소나 시간의 변화가 필요한 스토리 전개에 활용하면 좋습니다.

・360도 회전으로 장면 전환

카메라를 들고 한 바퀴 돌리며 촬영한 후, 새로운 장소에서 같은 방향으로 회전하면서 촬영을 시작하면 두 장면이 하나로 연결된 것처럼 보이는 효과를 얻을 수 있습니다.

6. 스피드 조절로 다이나믹한 연출하기

• 슬로모션과 속도 증가

특정 부분을 느리게 하거나 빠르게 돌려보면 지루하지 않고 생동감이 더해집니다. 예를 들어, 달리는 장면을 고속 촬영한 후 갑자기 슬로모션으로 전환하면 역동적인 움직임이 강조됩니다. 특히 숏폼 콘텐츠에서 빠르게 편집되는 화면은 짧은 시간 안에 몰입도를 높여 줍니다.

이 촬영 팁들은 간단하지만 효과적으로 화면 전환과 몰입도를 높이는 데 큰 도움이 됩니다. 스마트폰의 기본 기능과 주변의 사물을 잘 활용해 숏폼 콘텐츠를 더욱 매력적으로 만들어 보세요.

7. 촬영에 필요한 기타 준비

• 촬영 장소와 배경

깔끔한 배경이 좋은 영상의 첫걸음입니다. 필요에 따라 장식이나 소품을 활용해 촬영 배경을 연출하면 영상에 개성을 더할 수 있습니다.

• 아이디어와 스토리라인

콘텐츠의 짧은 시간 안에 주제를 분명하게 전달하기 위해 미리 구상한 스토리라인이나 대본이 도움이 됩니다. 트렌디한 주제나 챌린지를 반영하여 구체적인 스토리라인을 작성해 보세요.

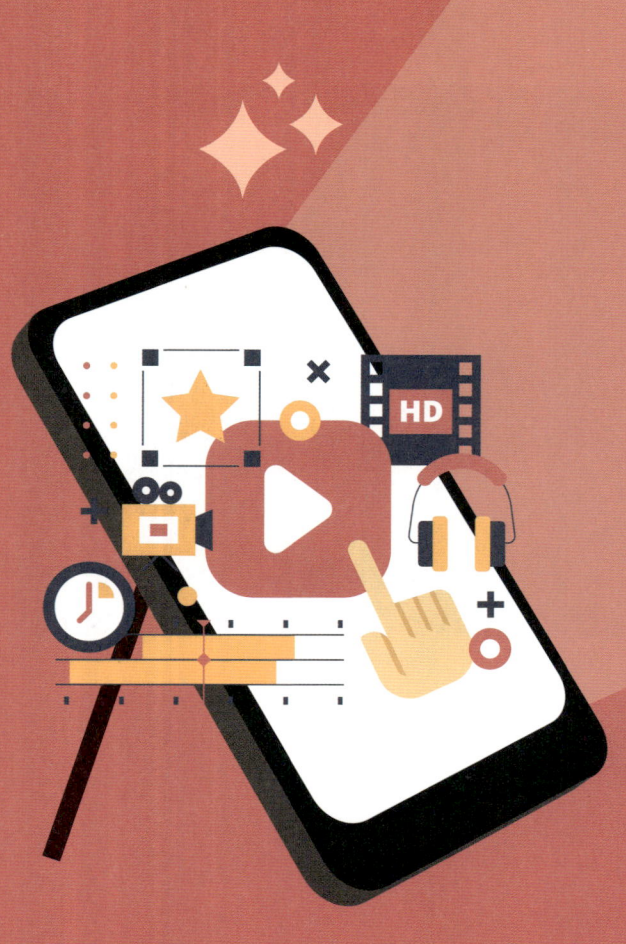

2장

기획과 스토리텔링과 노출전략

01 숏폼 콘텐츠 기획의 중요성

02 AI로 트렌드 분석 및 아이디어 발굴

03 초반 3초를 잡아라: 훅(Hook) 설정 방법

04 영상 전용 레이아웃 디자인 방법

05 타겟 시청자 맞춤형 스토리텔링

06 효과적인 해시태그와 키워드 선택

07 썸네일 제작과 제목 작성 요령

08 업로드 시간과 시청자 타겟팅 전략

학습 목표

1. 콘텐츠 기획이 숏폼 제작의 성공에 미치는 영향을 이해한다.
2. AI 도구를 활용한 트렌드 분석 및 아이디어 발굴 방법을 익힌다. (뤼튼, 캡컷, 브루)
3. 초반 3초 안에 시청자를 끌어들이는 훅(Hook) 설정 방법을 익힌다.
4. 숏폼 콘텐츠에 적합한 영상 전용 레이아웃 디자인 원칙을 이해한다.
5. 타겟 시청자 맞춤형 스토리텔링 전략을 수립한다.
6. 해시태그와 키워드로 검색 노출을 극대화하는 방법을 학습한다.
7. 클릭률을 높이는 썸네일 제작과 제목 작성 요령을 익힌다.
8. 업로드 시간과 시청자 타겟팅 전략으로 콘텐츠 노출을 최적화한다.

▶01 숏폼 콘텐츠 기획의 중요성

숏폼 콘텐츠는 짧은 시간 내에 강렬한 인상을 남기며, 시청자가 원하는 메시지를 명확하게 전달하는 것이 핵심입니다. 기획 단계는 이러한 숏폼 콘텐츠 제작 과정에서 가장 중요한 출발점으로, 콘텐츠의 성공 여부를 결정짓는 토대라고 할 수 있습니다.

1. 콘텐츠 기획이 전체 제작 과정에 미치는 영향

1) 방향성과 목표 설정

- **명확한 메시지 전달**: 기획을 통해 전달하고자 하는 주제나 목표를 명확히 정리하면, 제작 과정에서 초점이 흐트러지지 않습니다.

    예 ▶ 제품 홍보, 정보 제공, 감정 공유 등.

- **타겟팅의 기초 마련**: 기획 단계에서 타겟 시청자를 정의함으로써 콘텐츠의 스타일, 톤, 메시지를 타겟에 맞게 조율할 수 있습니다.

2) 효율적인 제작 과정 지원

- **사전 기획으로 제작 시간 단축:** 사전에 기획이 철저히 이루어지면, 촬영과 편집 과정에서 반복 작업을 줄이고, 필요한 리소스를 미리 준비할 수 있습니다.

  예 ▶ 대본 작성, 필요한 장비 리스트 준비 등.

- **일관성 유지:** 기획 단계에서 설정한 방향성을 유지하면 콘텐츠의 메시지와 비주얼이 일관되게 유지됩니다.

3) 콘텐츠 성공 가능성 증대

- **알고리즘 최적화:** 플랫폼의 알고리즘에 맞는 기획은 콘텐츠 노출을 극대화할 수 있습니다.

  예 ▶ 유튜브 쇼츠에서는 초반 3초의 강렬한 훅 설정이 추천 알고리즘에 유리.

- **시청자 반응 예상 가능:** 기획 단계에서 트렌드와 시청자 심리를 분석하면, 조회수와 공유율을 높이는 콘텐츠 제작이 가능합니다.

2. 메시지 전달과 시청자의 공감 포인트 설계

숏폼 콘텐츠는 길이가 짧은 만큼 핵심 메시지를 효과적으로 전달해야 하며, 동시에 시청자의 감정적 공감을 이끌어내야 합니다.

1) 명확하고 간결한 메시지 전달

- **핵심만 전달:** 숏폼 콘텐츠는 한 가지 주요 메시지에 집중해야 합니다.

  예 ▶ "이 제품은 간편하다"라는 메시지를 전달하기 위해 제품 사용 과정을 짧고 간결하게 보여줌.

- **비주얼 중심의 스토리텔링:** 시각적 요소를 활용해 말보다 이미지로 메시지를 전달.

  예 ▶ 자막, 그래픽, 빠른 장면 전환 등을 통해 시청자가 쉽게 이해할 수 있도록 함.

2) 시청자 공감 포인트 설계

- **시청자 중심의 기획:** 콘텐츠의 주요 대상이 되는 시청자의 연령대, 관심사, 문제를 분석합니다.

  예 ▶ 20대 초반을 타겟으로 한다면, 트렌디한 밈이나 유행하는 음악을 활용.

- **공감 요소 삽입:** 시청자가 "나와 관련 있다"고 느낄 수 있는 상황이나 감정을 담습니다.

  예 ▶ 일상에서 공감할 수 있는 유머, 고민 해결법, 혹은 감동적인 이야기.

3) 감정적 반응 유도

- **흥미와 기대감:** 첫 3초 안에 강렬한 비주얼이나 흥미로운 질문으로 시청자의 시선을 사로잡습니다.

  예 ▶ "당신의 하루를 바꿀 간단한 습관은?" 이라는 질문으로 시작.

- **행동 유도(Call-to-Action):** 콘텐츠 마지막에 시청자가 행동(좋아요, 공유, 팔로우)을 취하도록 유도.

  예 ▶ "더 많은 꿀팁이 궁금하다면 팔로우 하세요!"

기획 단계에서의 질문 체크리스트

Q1. 누구를 위한 콘텐츠인가?
- 시청자 연령, 관심사, 문제점은 무엇인가?

Q2. 어떤 메시지를 전달하려는가?
- 메시지가 단순하고 쉽게 이해될 수 있는가?
- 시청자가 이 콘텐츠를 통해 얻을 수 있는 가치는 무엇인가?

Q3. 어떻게 전달할 것인가?
- 메시지를 강조하기 위해 어떤 비주얼, 음악, 텍스트를 사용할 것인가?
- 플랫폼별(틱톡, 릴스 등) 특성에 맞는 형식인가?

사례: 성공적인 기획으로 이루어진 숏폼 콘텐츠

· 사례 1 ▶ "한 번 보면 잊지 못할 레시피"

- **메시지**: "5분 안에 완성할 수 있는 간단한 요리."
- **공감 포인트**: 시간 부족한 현대인의 문제를 해결.
- **기획 요소**: 빠른 전환, 요리 과정의 클로즈업, 음식 완성의 감각적인 비주얼.

· 사례 2 ▶ "꿀팁 한 가지로 완벽한 피부 만들기"

- **메시지**: "피부 관리 비결을 짧고 쉽게 전달."
- **공감 포인트**: 누구나 간단히 따라 할 수 있는 실용적 정보.
- **기획 요소**: 전/후 비교 이미지, 짧고 명확한 설명, 관련 제품의 자연스러운 소개.

숏폼 콘텐츠의 기획은 시청자와의 연결 고리를 만드는 단계입니다. 철저히 계획된 콘텐츠는 제작 과정을 효율적으로 만들고, 플랫폼에서의 성공 가능성을 높이며, 시청자들에게 명확하고 공감 가는 메시지를 전달할 수 있습니다.

▶▶02 AI로 트렌드 분석 및 아이디어 발굴

AI 기술은 숏폼 콘텐츠 제작 과정에서 트렌드 분석과 아이디어 발굴을 혁신적으로 지원합니다. 최신 트렌드를 실시간으로 파악하고, 이를 기반으로 창의적이고 효과적인 콘텐츠 아이디어를 생성할 수 있는 다양한 도구와 활용법을 소개합니다.

1. AI가 숏폼 콘텐츠 기획에 미치는 영향

1) 트렌드 실시간 분석

AI 도구는 소셜 미디어와 검색 데이터를 분석해 특정 키워드와 주제의 트렌드를 빠르게 파악합니다.

- 틱톡, 인스타그램 등 플랫폼의 인기 콘텐츠를 실시간으로 분석해 어떤 형식, 음악, 효과가 유행 중인지 확인.

- 해시태그와 키워드의 인기 상승 추세를 파악하여 노출 가능성을 극대화.

2) 아이디어 발굴의 효율성

AI를 활용하면 단순한 트렌드 확인을 넘어 구체적인 아이디어와 콘텐츠 구상까지 자동화할 수 있습니다.

- 예를 들어, AI가 추천하는 트렌디한 대본 초안을 기반으로 독창적인 스토리라인 구성.

2. 주요 AI 도구와 활용법

1) 뤼튼(Wrtn): 콘텐츠 기획의 동반자

뤼튼은 텍스트 생성과 키워드 추천에 특화된 AI 도구로, 숏폼 콘텐츠 기획에서 유용하게 활용됩니다.

활용 방법

(1) 트렌드 키워드 생성: 주제나 카테고리를 입력하면, 관련된 인기 키워드와 해시태그를 추천합니다.

> **예 ▶** "2024 메이크업 트렌드"를 입력하면, #GlowySkin, #NaturalMakeup 같은 해시태그 제공.

(2) 대본 초안 생성: 주제에 맞는 간단한 스크립트를 생성하여 빠르게 기획에 활용.

(3) SEO 최적화: 뤼튼은 키워드의 검색량과 난이도를 분석해 노출이 높은 키워드를 제공합니다.

적용 예시

- **주제:** "환경 보호를 위한 간단한 행동"
- **추천 콘텐츠:** "텀블러 사용으로 연간 200개 플라스틱 컵 줄이기"

2) GPT로 트렌드 분석과 아이디어 발굴

(1) 실시간 트렌드에 대한 질문
- GPT는 사용자의 입력에 따라 특정 플랫폼, 주제, 산업의 최신 트렌드를 요약하거나 분석하는 데 도움을 줍니다.

예시

질문 "틱톡에서 인기 있는 콘텐츠 유형은 무엇인가요?"
답변 "틱톡에서는 '챌린지, 코미디, 뷰티 튜토리얼, 리액션 영상'이 현재 인기 있습니다."

(2) 키워드와 해시태그 제안
- 주제와 관련된 키워드와 해시태그를 자동으로 생성하여 검색 노출을 높이는 데 유용합니다.

예시

질문 "환경 보호를 주제로 숏폼 콘텐츠를 제작하려면 어떤 해시태그를 사용할까요?"
답변 "환경보호 제로웨이스트 지구를 위해 #EcoFriendly #PlasticFree"

(3) 데이터 기반 트렌드 파악
- GPT는 검색 데이터를 학습한 결과를 바탕으로 관심이 증가하고 있는 주제를 제안할 수 있습니다.

예시

질문 "2024년 소셜 미디어에서 유행할 콘텐츠 유형은?"
답변 "숏폼 콘텐츠가 여전히 강세이며, 특히 짧은 시간 내에 강렬한 메시지를 전달하는 정보형 콘텐츠가 주목받고 있습니다. AR 효과를 활용한 실험적 콘텐츠도 유행할 가능성이 높습니다."

3) GPT를 활용한 아이디어 발굴 방법

(1) 콘텐츠 주제 추천

GPT는 특정 카테고리나 대상에 적합한 창의적인 콘텐츠 주제를 추천할 수 있습니다.

> [예시]
>
> **질문** "틱톡에 올릴 수 있는 건강 관련 숏폼 콘텐츠 아이디어를 주세요."
>
> **답변** "아침 5분 스트레칭 루틴."
> "건강에 좋은 스낵 3가지."
> "하루 1분 투자로 허리 통증 없애는 방법."

(2) 대본 초안 작성

GPT는 주어진 주제에 대해 숏폼 콘텐츠에 적합한 대본 초안을 생성합니다.

> [예시]
>
> **질문** "친환경 생활을 주제로 30초 대본을 써 주세요."
>
> **답변** [영상 시작]
> 텍스트: "하루에 사용되는 플라스틱 컵은 몇 개일까요?"
> 내레이션: "전 세계적으로 매일 1억 개 이상의 플라스틱 컵이 사용됩니다."

[전환 효과]
"하지만 좋은 소식이 있어요. 여러분도 쉽게 바꿀 수 있답니다!"
[마무리]
"텀블러 사용으로 환경을 보호하세요. 작은 변화가 큰 차이를 만듭니다!"

(3) 다양한 형식의 콘텐츠 제안

GPT는 주제를 기반으로 다양한 숏폼 형식을 제안합니다.

예시

질문 "신제품 홍보를 위한 숏폼 콘텐츠 형식을 추천해 주세요."

답변 "언박싱 영상으로 첫인상을 강조."
"제품 사용 팁을 빠르게 소개하는 3단계 튜토리얼."
"사용 전후를 비교하는 전환 효과 활용."

4) GPT를 활용한 콘텐츠 기획의 장점
(1) 빠른 분석과 아이디어 제공
- 몇 초 내에 관련 트렌드와 주제를 제시하며, 기존 리서치의 시간을 크게 단축 시킵니다.

(2) 창의적 발상 촉진
- 일반적인 접근에서 벗어난 독창적인 아이디어를 제공하여 콘텐츠의 경쟁력을 높입니다.

(3) 대상 맞춤형 콘텐츠 생성
- 입력된 시청자 특성과 주제에 맞는 최적화된 아이디어를 생성합니다.

(4) 실행 가능한 결과물 제공
- 단순히 아이디어를 제공하는 것에 그치지 않고, 대본 초안과 구체적인 구성까지 제시합니다.

5) GPT 활용 시 유의점 및 팁
(1) 명확한 질문 작성
- 구체적인 질문을 입력하면 더 유용한 답변을 받을 수 있습니다.

  예 ▶ "20대 여성을 대상으로 한 틱톡 콘텐츠 아이디어를 주세요."

(2) 결과 검토 및 수정
- GPT의 출력은 기본적으로 참고 자료이므로, 사용자만의 독창성을 추가하는 것이 중요합니다.

(3) 다른 AI 도구와 결합
- GPT로 아이디어를 발굴한 후, CapCut, Vrew 등 다른 AI 도구를 활용해 실현 가능성을 높입니다.

03 초반 3초를 잡아라: 훅(Hook) 설정 방법

숏폼 콘텐츠에서 **초반 3초**는 성공 여부를 좌우하는 가장 중요한 순간입니다. 이 짧은 시간에 시청자의 시선을 사로잡지 못하면, 다른 수많은 콘텐츠 속에 묻혀버릴 가능성이 높습니다. **훅(Hook)**은 시청자가 끝까지 영상을 보게 만들고, 다음 행동(좋아요, 댓글, 공유 등)을 유도하는 강렬한 시작점을 의미합니다.

1. 훅(Hook)의 중요성

1) 시청 유지율 향상
- 숏폼 콘텐츠의 알고리즘은 주로 시청 유지율에 따라 추천 여부를 결정합니다.
- 초반 3초에서 시청자의 관심을 사로잡아야 영상이 끝까지 재생되고, 더 넓은 노출을 받을 가능성이 커집니다.

2) 강렬한 첫인상 형성
- 처음 몇 초 동안 시청자는 이 영상이 자신에게 유용하거나 재미있는지를 판단합니다.
- 강렬하고 인상적인 시작이 시청자의 몰입을 유도합니다.

3) 행동 유도
- 훅은 콘텐츠를 끝까지 시청하도록 만드는 것뿐 아니라, 팔로우, 좋아요, 공유와 같은 행동을 유드하는 기회이기도 합니다.

2. 훅을 구성하는 핵심 요소

1) 강렬한 시각적 효과
- **전환 효과**: 빠른 화면 전환으로 호기심 자극.
- **비주얼 임팩트**: 시청자가 "눈을 뗄 수 없게 만드는" 비주얼.

  예 ▶ 다이내믹한 카메라 움직임, 컬러풀한 화면, 놀라운 장면.

2) 흥미로운 질문 또는 도발적인 문구
- 질문을 통해 시청자가 답을 알고 싶게 만듭니다.

  예 ▶ "왜 사람들은 매일 5초씩 이런 행동을 할까요?"

- 도발적인 문구로 감정적 반응을 유도합니다.

  예 ▶ "이걸 몰랐다면 당신은 커피를 잘못 마시고 있는 겁니다!"

3) 문제 제기와 해결 제시
- 문제를 먼저 던지고, 해결 방안을 제시하겠다는 기대감을 심어줍니다.

  예 ▶ "매일 돈을 아끼는 가장 간단한 방법이 뭔지 아세요?"

4) 트렌디한 요소 활용
- 현재 유행하는 밈(Meme), 음악, 챌린지를 활용하여 친숙한 분위기 조성.

  예 ▶ 인기 있는 틱톡 음악에 맞춘 시작 동작이나 표현.

5) 스토리의 시작을 강조
- 중간이나 끝이 아닌, 스토리의 가장 흥미로운 순간을 초반에 배치.

  예 ▶ 결과를 살짝 보여주고 과정으로 돌아가는 방식.

3. 훅의 종류와 사례

1) 시각적 훅 (Visual Hook)
- 강렬한 색감, 빠른 전환, 독특한 연출.

예 ▶ "물 위를 걷는 사람"처럼 놀라운 시작 장면.

2) 의문형 훅 (Question Hook)
- 시청자의 궁금증을 유발하는 질문.

예 ▶ "왜 이 도구를 모든 요리사가 사용하는지 아세요?"

3) 도발형 훅 (Controversial Hook)
- 논란을 불러일으킬 수 있는 주장.

예 ▶ "당신이 매일 하는 이 행동, 사실은 건강에 해롭습니다."

4) 감정적 훅 (Emotional Hook)
- 감정을 자극하는 이야기나 장면.

예 ▶ "이 강아지가 다시 걷게 된 기적 같은 순간을 보세요."

5) 유머형 훅 (Humor Hook)
- 재미있는 상황이나 말로 시청자를 웃게 만듭니다.

예 ▶ "저도 모르게 춤추게 만든 이 음악, 들어보세요!"

4. 훅 설정 시 주의점

1) 과장하지 말기
- 클릭베이트(과장된 제목이나 내용)로 훅을 설정하면 신뢰를 잃을 수 있습니다.
- 예고한 내용을 반드시 영상에서 충족시켜야 합니다.

2) 대상 맞춤화
- 시청자의 연령, 관심사, 문제를 반영한 훅이어야 합니다.

예 ▶ 10대 → 유행하는 밈 / 30대 → 실용적 정보.

3) 즉시 전달
- 메시지가 명확하게 전달되도록 짧고 간결하게 구성.
- 불필요한 긴 도입부는 배제.

5. 효과적인 훅 제작을 위한 팁

1) AI 도구 활용
- **GPT**: 훅에 사용할 문구를 생성하거나, 적합한 질문을 추천받을 수 있습니다.

  예 ▶ "GPT에게 '재미있는 훅 문구'를 요청하여 다양한 아이디어 생성."

- **뤼튼(Wrtn)**: 인기 해시태그와 키워드를 분석해 시청자 맞춤형 훅 구성.

2) CapCut에서 시각적 효과 추가
- 빠른 전환 효과나 텍스트 애니메이션으로 첫 3초의 임팩트 강화.

3) Vrew에서 자막 디자인 활용
- 자막 텍스트를 큰 글씨와 강렬한 색상으로 설정하여 메시지 전달력 향상.

6. 성공적인 훅의 예시

1) 정보성 콘텐츠
- "하루 1분으로 생산성을 2배로 높이는 방법, 알고 계세요?"

2) 제품 리뷰
- "이 제품이 정말로 삶을 바꿀 수 있을까요?"

3) 스토리텔링
- "나는 이곳에 도착했을 때 무언가 믿을 수 없는 것을 발견했습니다."

4) 유머 콘텐츠
- "이걸 보지 않고 지나칠 수 있을까요? 아니, 절대 불가능하죠."

결론

훅은 숏폼 콘텐츠에서 시작과 끝을 잇는 핵심 연결고리입니다.
효과적인 훅은 단순한 시청을 넘어, 시청자가 콘텐츠에 몰입하고 행동으로 이어지도록 돕습니다.
강렬한 훅 전략으로 숏폼 콘텐츠의 첫인상을 확실히 만들어 보세요!

04 영상 전용 레이아웃 디자인 방법

숏폼 영상은 짧은 시간 안에 시청자의 관심을 끌고 메시지를 전달해야 하므로, 효과적인 레이아웃 디자인이 필수적입니다. 레이아웃은 콘텐츠의 가독성, 시각적 매력, 메시지 전달력을 높이는 핵심 요소로 작용합니다.

1. 영상 전용 레이아웃의 기본 원칙

1) 시각적 계층 구조 설정
- 콘텐츠에서 중요한 요소(텍스트, 이미지, 그래픽)를 순서대로 배치해 시청자가 자연스럽게 흐름을 따라가도록 유도합니다.

핵심 메시지 → 보조 정보 → CTA(Call to Action).

2) 간결하고 깔끔하게
- 영상은 빠르게 변화하므로 한 번에 하나의 메시지만 전달해야 효과적입니다.
- 텍스트, 이미지, 애니메이션 등을 과도하게 사용하지 않습니다.

3) 시청 환경 고려
- 대부분의 숏폼 콘텐츠는 모바일 세로형(9:16) 화면에서 시청되므로, 레이아웃은 세로형 화면에 최적화해야 합니다.

2. 영상 레이아웃 설계의 핵심 요소

1) 비율과 화면 분할
- 세로형 화면(9:16)은 상단, 중간, 하단으로 나누어 레이아웃을 설계합니다.

> - **상단**: 제목, 브랜드 로고.
> - **중간**: 주요 콘텐츠(텍스트, 이미지, 그래픽).
> - **하단**: 자막, 해시태그, CTA.

2) 텍스트 배치
- 텍스트는 크고 읽기 쉽게 배치하며, 중심부 또는 상단에 배치해 가독성을 높입니다.
- 한 화면에 5~7단어 이내로 제한하여 간결하게 전달합니다.

3) 이미지와 영상 클립 활용
- 메인 이미지 또는 영상 클립은 중앙에 배치해 시각적 초점을 만듭니다.
- 중요한 부분은 화면의 안전 영역(가장자리 제외)에 배치하지 않도록 주의합니다.

4) 컬러와 대비
- 텍스트와 배경의 대비를 강하게 설정해 메시지가 명확히 보이도록 합니다.

    예 ▶ 어두운 배경 → 밝은 텍스트 / 밝은 배경 → 어두운 텍스트.

5) CTA(Call to Action)
- 영상의 마지막 부분에는 행동 유도를 위한 문구를 명확히 배치합니다.

    예 ▶ "팔로우하세요!" / "더 많은 팁은 댓글에서 확인하세요."

3. 레이아웃 디자인 방법: 단계별 가이드

1) 목적 설정

- **질문:** 이 영상에서 무엇을 전달할 것인가?

  예 ▶ 제품 소개, 정보 전달, 브랜드 홍보.

- **레이아웃 초점**

  - **제품 소개:** 이미지 중심 + 간단한 설명.
  - **정보 전달:** 텍스트 중심 + 적절한 아이콘.

2) 화면 구역 나누기

(1) 상단

– 제목 또는 브랜드 로고 삽입.

예 ▶ "오늘의 꿀팁" / "YourBrand".

(2) 중간

– 메인 콘텐츠(주요 메시지, 이미지 또는 클립) 배치.

예 ▶ "이 제품, 어떻게 사용하는지 보여드릴게요!"

(3) 하단
 - 자막, 해시태그, CTA 배치.

예 ▶ "더 많은 정보는 링크에서 확인하세요."

3) 텍스트 스타일링
- **폰트 크기:** 핵심 메시지는 크게, 보조 정보는 작게.
- **폰트 선택:** 브랜드와 어울리는 고유의 서체 사용.
- **애니메이션 효과:** 텍스트가 자연스럽게 나타나고 사라지도록 설정.

4) 시각적 요소 추가
- 그래픽, 아이콘, 사진을 활용해 메시지 보완.
- 전환 효과를 통해 화면의 연결을 자연스럽게 만듦.

5) 컬러 팔레트 설정
- 브랜드 컬러를 중심으로 디자인하되, 강렬한 대비를 유지합니다.

4. 성공적인 레이아웃 디자인 사례

- **사례 1** ▶ **정보성 콘텐츠**

> - **상단**: "5분 만에 하는 피부 관리법!"
> - **중간**: 스킨케어 제품 사진과 사용 장면 삽입.
> - **하단**: "팔로우하고 꿀팁 받아보세요!"

- **사례 2** ▶ **제품 소개 콘텐츠**

> - **상단**: 브랜드 로고와 "신제품 출시!"
> - **중간**: 제품 사용 전후 비교 클립 삽입.
> - **하단**: 할인 코드와 "지금 구매하세요."

- **사례 3** ▶ **챌린지 콘텐츠**

> - **상단**: "10초 안에 춤추기 챌린지!"
> - **중간**: 춤 동작과 텍스트로 간단한 설명 추가.
> - **하단**: "틱톡에서 DanceChallenge로 참여하세요."

결론

효과적인 영상 레이아웃 디자인은 가독성과 메시지 전달력을 높이고, 시청자가 콘텐츠에 집중하도록 돕습니다.
상단, 중간, 하단으로 화면을 체계적으로 나누고, 텍스트와 이미지를 조화롭게 배치하여 시각적으로 매력적이고 명확한 콘텐츠를 제작하세요.
디자인 도구를 활용해 작업 효율성을 높이고, 시청자의 참여를 이끌어내는 성공적인 숏폼 콘텐츠를 완성할 수 있습니다.

▶ 05 타겟 시청자 맞춤형 스토리텔링

숏폼 콘텐츠의 성공은 타겟 시청자와 얼마나 잘 연결되고 공감대를 형성하느냐에 달려 있습니다. 타겟 시청자 맞춤형 스토리텔링은 그들의 관심사, 문제, 욕구를 반영해 매력적인 메시지를 전달하는 것을 목표로 합니다. 이를 통해 콘텐츠는 단순한 시청을 넘어 행동 유도와 브랜드 신뢰로 이어질 수 있습니다.

1. 타겟 시청자 분석의 중요성

1) 타겟을 이해해야 콘텐츠가 성공한다
- 모든 콘텐츠는 특정 시청자를 대상으로 설계되어야 합니다.
  - 연령대, 성별, 직업, 관심사 등을 파악해 맞춤형 메시지를 설계합니다.
  - 시청자의 생활 패턴과 소셜 미디어 소비 시간대까지 고려해야 합니다.

2) 세분화된 타겟팅의 필요성
- 숏폼 콘텐츠는 한정된 시간 내에 시청자와 연결되어야 하므로, 시청자의 세부적인 특성을 반영해야 합니다.

  예 ▶ 10대는 유머와 빠른 템포, 30대는 실용적인 정보와 신뢰감을 선호합니다.

2. 타겟 시청자 맞춤형 스토리텔링의 핵심 요소

1) 시청자의 "페르소나" 설정하기

페르소나는 콘텐츠를 소비할 가상의 대표 시청자 프로필입니다.

> **예시 페르소나**
>
> - **이름**: 김민수
> - **나이**: 28세
> - **관심사**: 간단한 요리법, 자기계발, 건강관리
> - **문제**: 바쁜 일상 속에서 시간과 돈을 절약하고 싶음
> - **해결책**: "5분 안에 만들 수 있는 건강한 도시락 레시피"

2) 스토리 구성을 시청자 맞춤형으로 설계

스토리의 기-승-전-결 구조를 타겟에 맞게 변형합니다.

- **기(도입부)**: 시청자가 공감할 문제 제기.

  > 예 ▶ "매일 점심, 너무 비싸고 비효율적이라고 느끼지 않나요?"

- **승(문제 확장)**: 문제의 심각성 부각.

  > 예 ▶ "이렇게 하면 한 달 점심값만 20만 원 이상이 됩니다."

- **전(해결책 제시)**: 해결 방법을 제시하며 기대감을 높임.

  > 예 ▶ "5분 만에 만들 수 있는 건강 도시락, 이렇게 해보세요."

- **결(결말)**: 시청자가 행동하게끔 유도.

  > 예 ▶ "이 간단한 팁으로 건강과 비용을 동시에 잡으세요!"

3) 공감 포인트를 활용한 메시지 전달

시청자의 감정과 문제를 건드리는 메시지가 효과적입니다.

> 예시 메시지

- **10대 대상**: "학교 끝나고 시간 없을 땐 이걸 해봐! 바로 힐링 가능!"
- **20대 대상**: "하루 10분으로 자기계발, 진짜 가능해요?"
- **30대 대상**: "직장인 필수 팁, 스트레스를 줄이는 3가지 방법."

3. 플랫폼별 타겟팅 전략

1) 틱톡(TikTok)

- **주 타겟**: 10대~20대 초반
- **선호 형식**: 유머, 밈, 챌린지 중심. 빠른 전환과 독창적인 아이디어.

> 스토리텔링 예시

"이 필터, 써보면 절대 빠져나올 수 없어요!"
"10초 만에 할 수 있는 댄스, 도전해보세요!"

2) 인스타그램 릴스(Reels)
- **주 타겟:** 20~30대
- **선호 형식:** 세련되고 시각적으로 매력적인 콘텐츠.

[스토리텔링 예시]

"이 스타일, 요즘 인스타에서 대세라는데?"
"하루 한 번, 피부가 빛나는 스킨케어 루틴."

3) 유튜브 쇼츠(Shorts)
- **주 타겟:** 폭넓은 연령층
- **선호 형식:** 정보 전달과 재미를 결합한 콘텐츠.

[스토리텔링 예시]

"5초 만에 완성! 나만 알고 싶은 간단 꿀팁."
"이렇게 하면 1년 동안 30만 원을 절약할 수 있습니다."

4. 타겟 시청자를 사로잡는 성공 사례

· 사례 1 ▶ 10대 대상 콘텐츠

- **제목:** "시험 기간, 스트레스를 줄이는 간단한 방법!"
- **스토리 구성:**
    [도입] "시험 때문에 너무 힘들죠?"
    [해결책] "이 간단한 팁으로 스트레스를 날려보세요!"
    [행동 유도] "친구들과 공유하고 같이 실천해요!"

· 사례 2 ▶ 20대 대상 콘텐츠

- **제목:** "30초 만에 자기계발 루틴 시작하기."
- **스토리 구성:**

[도입] '바쁜 일상 속에서도 성장하고 싶다면?'
[해결책] "매일 아침 이 루틴으로 새로운 습관 만들기."
[행동 유도] "지금 시작해보세요!"

• 사례 3 ▶ 30대 대상 콘텐츠

- **제목**: "스트레스를 줄이는 데 효과적인 3가지 팁."
- **스토리 구성**:
    [도입] "하루 종일 스트레스로 지치셨나요?"
    [해결책] "이 간단한 3단계로 마음의 여유 찾기."
    [행동 유도] "더 많은 팁이 궁금하다면 팔로우하세요!"

결론

타겟 시청자 맞춤형 스토리텔링은 시청자와 콘텐츠의 연결 고리를 강화하는 전략입니다. 명확한 페르소나 설정, 감정적 공감, 플랫폼별 맞춤 기획을 통해 콘텐츠의 효과를 극대화할 수 있습니다. AI 도구를 적극 활용하여 효율적이고 데이터 기반의 기획을 실현해보세요. 타겟 시청자와의 소통을 최우선으로 한 스토리텔링은 숏폼 콘텐츠의 성공 열쇠가 될 것입니다!

06 효과적인 해시태그와 키워드 선택

숏폼 콘텐츠의 성공적인 노출은 효과적인 해시태그와 키워드 전략에 달려 있습니다. 해시태그는 플랫폼 알고리즘에 의해 콘텐츠를 검색 결과와 추천 피드에 노출시키는 핵심 역할을 합니다. 적합한 키워드와 해시태그를 선택하면 콘텐츠의 조회수, 참여율, 공유율을 극대화할 수 있습니다.

1. 해시태그와 키워드의 역할

1) 검색 노출 극대화
- 해시태그와 키워드는 시청자가 관련 콘텐츠를 찾을 때 사용하는 검색어와 연결됩니다.
- 적합한 해시태그를 사용하면 더 넓은 시청자에게 도달할 가능성이 높아집니다.

2) 알고리즘 최적화
- 각 플랫폼은 콘텐츠와 해시태그를 매칭해 추천 알고리즘을 작동시킵니다.

예 ▶ "웃긴 영상" 콘텐츠에 웃긴영상 유머 해시태그를 추가하면 관련 피드에 노출.

3) 타겟 시청자 접근

- 해시태그는 특정 주제나 관심사를 가진 시청자를 효과적으로 타겟팅하는 도구입니다.

예 ▶ #홈트레이닝 → 운동에 관심 있는 시청자를 유도.

2. 효과적인 해시태그와 키워드 선택 기준

1) 적합성과 연관성

- 콘텐츠의 주제와 정확히 연관된 해시태그와 키워드를 사용합니다.

잘못된 예: 메이크업 영상에 요리 추가 → 낮은 도달률.
올바른 예: 메이크업 영상에 오늘의 메이크업 뷰티 팁 → 관련성 높은 노출.

2) 해시태그의 범위 조정

(1) 광범위 해시태그

- 많은 사람들이 검색하는 일반적인 태그.

예 ▶ #일상 패션 여행

장점: 더 많은 사람들에게 노출 가능.
단점: 경쟁이 치열해 상위 노출이 어려움.

(2) 중간 규모 해시태그

- 특정 주제나 타겟 그룹을 노리는 태그.

예 ▶ #여름코디 간단요리 홈트운동

장점: 타겟 시청자를 효과적으로 도달.

(3) 세부적인 해시태그

- 니치 마켓(소수 타겟)용 세부 태그.

예 ▶ #친환경텀블러 20대여성룩북

> **장점:** 특정 관심사를 가진 소수의 충성도 높은 시청자 확보.

3) 키워드 검색량 분석
- 검색량이 높은 키워드를 사용해 더 많은 시청자에게 도달합니다.

[툴 활용]

> · **뤼튼(Wrtn):** 검색량과 경쟁률이 낮은 키워드 추천.
> · **구글 트렌드:** 특정 키워드의 검색 트렌드 확인.
> · **네이버 데이터랩:** 국내 사용자 키워드 트렌드 분석.

4) 키워드 밀도와 조화
- 해시태그와 키워드는 자연스럽게 콘텐츠 설명에 녹아들어야 합니다.

예 ▶ "이번 영상은 홈트레이닝 팁입니다. 집에서 쉽게 할 수 있는 운동을 배워보세요!"

3. 플랫폼별 해시태그 및 키워드 전략

1) 틱톡(TikTok)
- **트렌디한 해시태그 활용:** 틱톡의 디스커버 탭에서 인기 태그 확인.

예 ▶ #틱톡챌린지 지금유행중

- **커뮤니티 기반 태그:** 특정 그룹이 사용하는 태그로 소통 강화.

예 ▶ #20대패션스타일 댄스챌린지

2) 인스타그램 릴스(Reels)
- **비주얼 중심 해시태그:** 이미지와 잘 맞는 해시태그 사용.

예 ▶ #뷰티 라이프스타일 먹스타그램

- **장소 기반 태그:** 특정 장소나 지역을 태그해 현지 노출 확대.

예 ▶ #서울카페 한강데이트

3) 유튜브 쇼츠(Shorts)
- 해시태그와 키워드 조합: 제목, 설명, 태그 모두에 키워드 포함.

예 ▶ "간단요리 | 집에서 쉽게 만드는 5분 레시피"

* **숏폼 전용 태그:** Shorts를 추가해 유튜브의 숏폼 콘텐츠 알고리즘 활용.

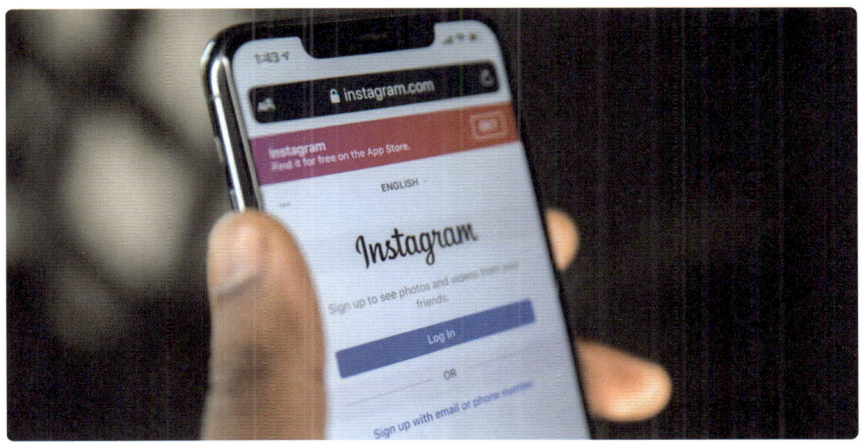

4. AI 도구를 활용한 해시태그 및 키워드 선택

1) GPT 활용
- GPT를 통해 콘텐츠 주제에 맞는 해시태그와 키워드를 빠르게 생성할 수 있습니다.

> **예시 질문:** "친환경 제품 리뷰 콘텐츠를 위한 해시태그를 추천해줘."
> **GPT 답변:** 제로웨이스트 친환경템 플라스틱프리 에코라이프

2) 뤼튼(wrtn) 활용
뤼튼의 기능

- 주제에 맞는 검색량 높은 키워드 추천.
- 키워드 경쟁률과 노출 잠재력 분석.

> 활용 예

주제: "운동 루틴"
추천 키워드: "홈트레이닝 초보운동 10분운동"

3) 틱톡과 인스타그램의 인기 태그 검색

- 각 플랫폼의 검색창에서 주제 키워드 입력 후 연관 태그를 활용.

> 예 ▶ "운동" → #운동하는여자 #건강관리 #운동스타그램

5. 해시태그와 키워드의 효과적인 사용법

1) 해시태그는 3~7개로 조합

- 너무 적으면 도달률이 낮고, 너무 많으면 알고리즘이 분산될 수 있습니다.

2) 고유 태그 만들기

- 자신만의 브랜드나 캠페인 태그 생성.

    예 ▶ #나만의뷰티팁 #주말레시피

3) 키워드 반복 배치
- 제목, 설명, 자막, 썸네일에 동일한 키워드를 반복적으로 사용해 검색 최적화.

6. 성공적인 해시태그와 키워드 사례

· 사례 1 ▶ 패션 콘텐츠

- **제목**: "올여름 꼭 필요한 여름코디 5가지!"
- **해시태그**: #여름패션 #OOTD #20대여성룩북

· 사례 2 ▶ 요리 콘텐츠

- **제목**: "5분 만에 완성! 초간단 아침식사 레시피."
- **해시태그**: #홈쿡 #간단요리 #5분레시피

· 사례 3 ▶ 여행 콘텐츠

- **제목**: "서울에서 꼭 가봐야 할 힐링 스팟 3곳."
- **해시태그**: #서울여행 #카페투어 #여행스타그램

결론

효과적인 해시태그와 키워드 선택은 숏폼 콘텐츠가 더 많은 시청자에게 노출되고, 참여를 유도하는 핵심 전략입니다. 적합성, 범위, 트렌드를 고려하여 해시태그를 조합하고, AI 도구를 활용해 효율성을 극대화하세요. **해시태그와 키워드 전략**을 제대로 실행하면 콘텐츠가 추천 피드의 상위에 노출될 가능성이 높아질 것입니다.

▶07 썸네일 제작과 제목 작성 요령

숏폼 콘텐츠에서 썸네일과 제목은 시청자의 클릭을 유도하는 첫인상입니다.
- **썸네일**은 시각적 매력으로 콘텐츠의 흥미와 가치를 전달합니다.
- **제목**은 핵심 메시지를 짧고 강렬하게 전달하며, 호기심과 기대감을 자극합니다.
이 두 가지가 잘 설계되면 콘텐츠의 클릭률(CTR)과 노출 기회가 크게 증가합니다.

1. 효과적인 썸네일 제작 요령

1) 썸네일의 역할과 중요성
- **관심 끌기**: 시청자가 스크롤을 멈추고 클릭하도록 만듭니다.
- **콘텐츠 정보 제공**: 어떤 주제인지 명확히 전달합니다.
- **브랜드 정체성 강화**: 일관된 스타일로 브랜드를 각인시킵니다.

2) 썸네일 제작 시 핵심 원칙

(1) 시각적 초점 강조
- 썸네일에서 가장 중요한 요소(인물, 제, 키워드)를 화면 중앙에 배치합니다.

> 예 ▶ 얼굴 클로즈업, 제품 강조, 시선을 끄는 텍스트.

(2) 강렬한 색상 사용

- 대비가 강한 색상을 활용해 다른 콘텐츠와 차별화합니다.

  예 ▶ 파란 배경에 노란 글씨, 빨간 포인트 강조.

3) 읽기 쉬운 텍스트 삽입

- 핵심 키워드를 굵은 글씨로 삽입하되, 너무 많은 텍스트는 피합니다.

  잘못된 예: "이 방법으로 모든 문제를 해결할 수 있습니다."
  올바른 예: "모든 문제 해결법!"

4) 감정적 연결

- 인물의 표정, 손짓 등 감정을 자극하는 요소를 활용합니다.

  예 ▶ 놀라움, 행복, 긴장감을 표현하는 얼굴 클로즈업.

5) 클릭베이트는 피하기

- 과장된 이미지를 사용하거나 실제 내용과 다른 썸네일을 사용하면 신뢰를 잃습니다.

  잘못된 예: "10억을 번 비결" → 실질적 내용 없음.

2. 효과적인 제목 작성 요령

1) 제목의 역할과 중요성

- 제목은 시청자가 **"왜 이 콘텐츠를 봐야 하는지"**를 즉시 이해하게 만듭니다.
- 강렬한 첫인상을 남기고, 콘텐츠의 핵심 가치를 전달합니다.

2) 제목 작성의 3가지 핵심 원칙

(1) 간결함

- 제목은 짧고 직관적이어야 합니다. (10~40자 권장)

  잘못된 예: "이 영상은 당신의 삶을 바꿀 놀라운 비결을 알려드립니다."
  올바른 예: "삶을 바꾸는 5분 비결!"

(2) 호기심 자극

- 질문 형식, 미완성 문장 등으로 시청자가 더 알고 싶게 만듭니다.

> 예 ▶ "왜 당신은 항상 피곤할까?", "이 제품, 정말 효과가 있을까?"

(3) 키워드 포함

- 플랫폼 검색 최적화를 위해 핵심 키워드를 제목에 삽입합니다.

> 예 ▶ "홈트레이닝 | 10분 만에 뱃살 없애는 비법!"

3. 제목 작성 팁과 사례

1) 문제 해결형 제목

- 시청자의 문제를 해결할 내용을 강조합니다.

> 예 ▶ "돈 아끼는 3가지 꿀팁.", "뱃살을 줄이는 5분 루틴!"

2) 질문형 제목

- 궁금증을 유발하는 질문을 던집니다.

> 예 ▶ "왜 하루 1분이면 충분할까요?", "이 간단한 방법, 효과가 있을까?"

3) 숫자와 리스트 사용

- 구체적이고 명확한 제목은 신뢰감을 줍니다.

예 ▶ "초보자를 위한 3단계 요리법.", "5분 안에 끝내는 운동 루틴."

4) 감정과 행동 유도

- 제목에 감정을 자극하는 단어를 사용하고, 행동을 유도합니다.

예 ▶ "절대 놓치지 마세요: 여름 피부 관리 비법!"
"지금 시작하세요! 초보를 위한 10분 홈트."

4. 썸네일과 제목의 조화

1) 시각적 메시지와 텍스트의 일치

- 썸네일의 시각적 정보와 제목이 같은 메시지를 전달해야 합니다.

예 ▶ **썸네일:** '5분 투자로 완벽한 피부!'
제목: "여름 피부 관리, 하루 5분이면 충분!"

2) 동일한 키워드 사용

- 썸네일 텍스트와 제목에 동일한 키워드를 포함시켜 시청자가 주제를 명확히 이해하도록 합니다.

3) 감각적 구성

- 썸네일이 강렬한 비주얼로 관심을 끌고, 제목이 구체적인 정보를 제공해 시청 결정을 유도합니다.

5. 성공적인 썸네일과 제목 사례

1) 콘텐츠 유형별 성공 사례

정보성 콘텐츠

- **썸네일:** 놀라는 표정 + "이 한 가지로 돈을 절약!"
- **제목:** "돈 아끼는 5분 꿀팁."

교육성 콘텐츠

- **썸네일**: 책상 위 노트 + "공부 효율 2배로 높이기"
- **제목**: "시간 절약하는 공부법 3가지."

리뷰 콘텐츠

- **썸네일**: 제품 클로즈업 + "이건 진짜 사야 해!"
- **제목**: "후회 없는 쇼핑! 이 제품이 답입니다."

결론

썸네일과 제목은 숏폼 콘텐츠의 첫 번째 관문으로, **클릭률**을 결정짓는 핵심 요소입니다. 강렬한 비주얼과 간결한 메시지를 결합한 썸네일과, 호기심을 자극하는 제목을 통해 시청자에게 매력적으로 다가가세요.

08 업로드 시간과 시청자 타겟팅 전략

숏폼 콘텐츠의 성공 여부는 업로드 시간과 타겟팅 전략에 따라 크게 좌우됩니다. 각 플랫폼은 사용자 활동 시간대와 알고리즘에 따라 콘텐츠 노출을 최적화하므로, 적절한 업로드 시간과 명확한 타겟팅 전략을 설정하는 것이 필수적입니다.

1. 업로드 시간의 중요성

1) 시청자 활동 시간대 분석
- 대부분의 플랫폼에서는 시청자가 활발히 활동하는 시간대에 업로드된 콘텐츠를 우선적으로 노출합니다.
- 활동 시간대에 맞춰 콘텐츠를 업로드하면 도달률과 참여율이 높아집니다.

2) 업로드 후 초반 반응이 중요
- 알고리즘은 초반 1~2시간 동안의 반응(조회수, 좋아요, 공유 등)을 기준으로 콘텐츠의 품질을 평가합니다.
- 이 시간에 높은 반응을 얻으면 추천 피드에 노출될 가능성이 커집니다.

2. 플랫폼별 추천 업로드 시간

1) 틱톡 (TikTok)

- **최적 시간대**
  - 평일: 오전 6~8시, 저녁 7~9시 (출근/등교 전과 퇴근 후).
  - 주말: 오후 12~2시, 저녁 6~9시 (휴식 시간).
- **타겟 전략**
  - 10대와 20대를 타겟으로 할 경우, 학교 또는 업무 이후 시간대를 활용.

2) 인스타그램 릴스 (Instagram Reels)

- **최적 시간대**
  - 평일: 오전 11~1시 (점심시간), 저녁 6~8시.
  - 주말: 오전 10~12시, 오후 4~6시.
- **타겟 전략**
  - 직장인을 타겟으로 한다면 점심시간과 퇴근 시간을 고려.
  - 비주얼 중심의 콘텐츠는 주말의 낮 시간대에 효과적.

3) 유튜브 쇼츠 (YouTube Shorts)

- **최적 시간대**
  - 평일: 오후 12~1시, 저녁 7~9시.
  - 주말: 오전 10~11시, 저녁 6~8시.
- **타겟 전략**
  - 정보성 콘텐츠는 점심시간대에 업로드.
  - 엔터테인먼트 콘텐츠는 저녁 시간대에 집중.

4) 페이스북 릴스 (Facebook Reels)

- **최적 시간대**
  - 평일: 오전 7~8시, 오후 5~7시.
  - 주말: 오전 9~11시, 오후 3~5시.
- **타겟 전략**
  - 가족 중심 콘텐츠는 주말 오전이 효과적.
  - 30대 이상 사용자 대상 콘텐츠는 퇴근 후 저녁 시간에 노출.

3. 시청자 타겟팅 전략

1) 시청자 세분화

- **연령대**
  - 10대: 빠른 템포와 트렌드 중심의 콘텐츠.
  - 20대: 자기계발, 패션/뷰티, 라이프스타일 관련 콘텐츠.
  - 30대 이상: 정보성 콘텐츠, 실용적인 팁, 가족 중심의 영상.
- **지역 및 시간대**
  - 국제 타겟을 노릴 경우, 각 지역의 활동 시간대를 고려.

2) 플랫폼별 타겟 접근 방법
- **틱톡:** Z세대(10~20대 초반)를 중심으로 밈, 유머, 챌린지 활용.
- **인스타그램:** 트렌드에 민감한 20~30대를 겨냥한 시각적 콘텐츠.
- **유튜브:** 폭넓은 연령층에 정보와 재미를 동시에 제공.

4. 업로드 시간과 타겟팅 전략 설정을 위한 도구 활용

1) 플랫폼 분석 도구
각 플랫폼의 **분석 도구(Analytics)**를 활용해 시청자 활동 시간과 콘텐츠 성과를 분석.

- **틱톡:** 틱톡 비즈니스 센터에서 팔로워 활동 시간 확인.
- **인스타그램:** 프로페셔널 계정 통계에서 활동 시간대 분석.
- **유튜브:** YouTube Studio에서 시청자 분석.

2) AI 기반 추천 도구

- **뤼튼(Wrtn)**: 트렌드 키워드와 시청자 선호 시간대를 분석해 추천.
- **GPT 활용**: 특정 타겟에 적합한 업로드 시간과 전략 추천.

5. 실질적인 실행 전략

1) 테스트와 최적화
- 매주 다양한 시간대에 콘텐츠를 업로드하여 최적의 반응 시간대를 분석.
- 한 번에 여러 시간대를 테스트 한 뒤, 반응이 좋은 시간대를 집중 공략.

2) 타겟팅 메시지 최적화
- 업로드 시간에 맞춰 시청자가 기대하는 메시지를 명확히 전달.

  예 ▶ 아침 업로드 → "출근 전에 꼭 봐야 할 꿀팁!"
       저녁 업로드 → "오늘 하루를 정리하는 힐링 콘텐츠."

3) 콘텐츠 스케줄링 활용
- **스케줄러 도구**: Hootsuite, Buffer 등을 활용해 적절한 시간에 콘텐츠를 자동으로 게시.

결론

최적의 업로드 시간과 타겟팅 전략은 콘텐츠의 조회수와 참여율을 극대화하는 데 핵심적인 역할을 합니다.
플랫폼별 권장 시간대와 타겟 시청자의 활동 패턴을 분석하여 정확한 시간에 맞춘 게시와 맞춤형 메시지 전달을 통해 성공적인 노출 전략을 실행할 수 있습니다.

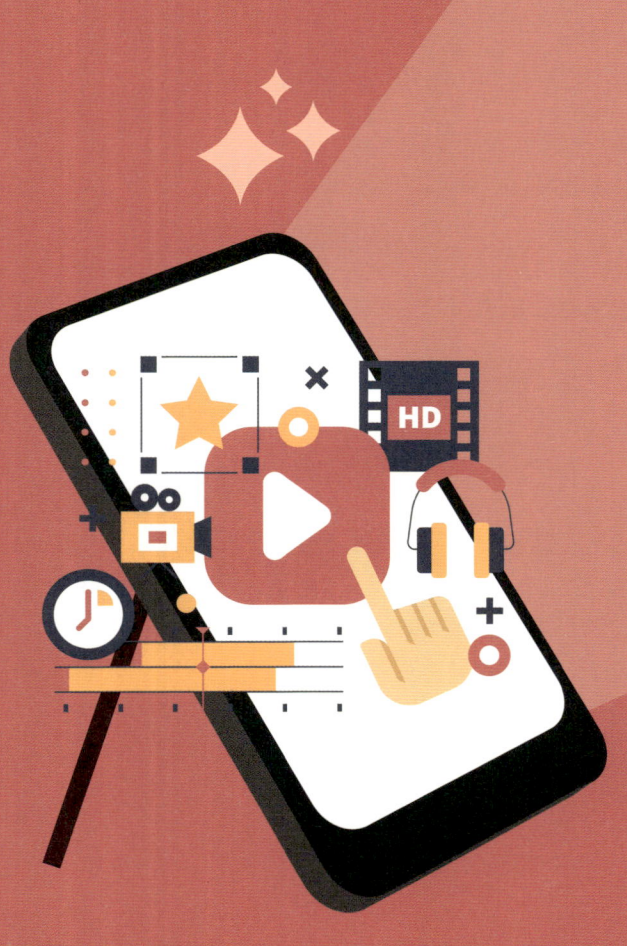

CapCut으로 시작하는 영상 편집

01   CapCut 기본 익히기

02   CapCut 인터페이스 주요 구성 요소

03   CapCut 기본 기능 이해하기

04   Capcut 자막과 요소 추가

05   Capcut 음악 및 음향 효과 활용법

06   Capcut의 전환, 비디오 효과, 필터 활용법

07   Capcut에서 영상 및 이미지에 애니메이션 적용 방법

08   CapCut의 AI 기능과 활용법

09   영상 기본 지식

학습 목표

1. CapCut의 설치와 인터페이스 구조를 이해한다.
2. CapCut의 기본 편집 기능(자르기, 자막, 효과 추가 등)을 익힌다.
3. 자막, 요소, 음악, 음향 효과를 추가하여 시청각적 완성도를 높인다.
4. 화면 전환, 효과, 애니메이션을 활용해 영상의 매력을 극대화한다.
5. CapCut의 AI 기능과 템플릿을 활용해 편집 시간을 단축한다.

▶01 CapCut 기본 익히기

이 장에서는 CapCut의 기본 기능을 익히기 위한 첫 단계로, CapCut을 설치하고 사용하는 방법을 안내합니다. CapCut은 스마트폰과 컴퓨터, 그리고 웹사이트에서 사용할 수 있어 다양한 환경에서 편리하게 숏폼 콘텐츠를 제작할 수 있습니다.

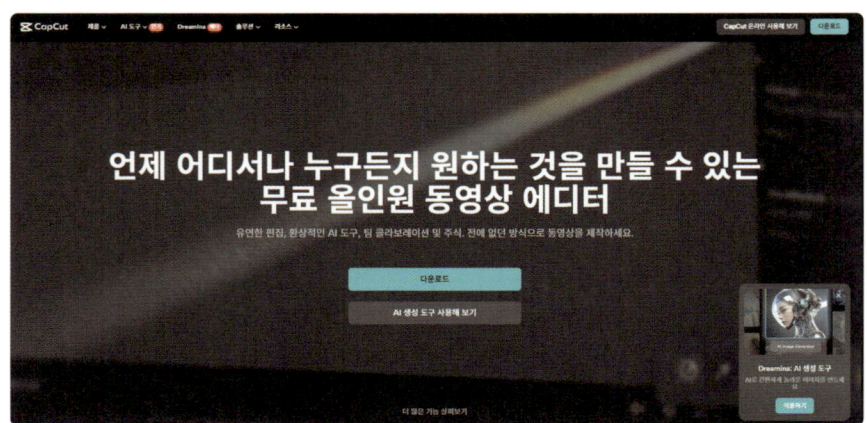

1. CapCut 소개

CapCut은 틱톡(TikTok)과 같은 숏폼 콘텐츠 플랫폼에서 인기를 끌고 있는 무료 영상 편집 도구입니다. 직관적인 인터페이스와 다양한 편집 기능을 제공하여 초보자도 쉽게 고품질 콘텐츠를 제작할 수 있습니다. 특히 AI 기반 자막 생성, 트렌디한 템플릿, 이펙트와 필터, 배경 제거 등의 기능을 포함하여 쉽고 빠른 편집을 지원합니다.

CapCut은 **모바일 앱, 웹사이트, 데스크탑 프로그램**의 세 가지 버전으로 제공되므로, 사용자 환경에 맞게 설치하여 사용할 수 있습니다.

2. CapCut 설치 방법

1) 스마트폰 앱 설치 (Android / iOS)

CapCut은 모바일 앱 형태로 iOS와 Android에서 무료로 제공됩니다. 모바일에서 직접 촬영한 영상을 쉽게 편집할 수 있어 매우 편리합니다.

> 1. 앱스토어(Android: Google Play / iOS: App Store)에서 CapCut 검색.
> 2. CapCut - Video Editor를 찾아 다운로드 하고 설치.
> 3. 설치가 완료되면 CapCut 앱을 열고 기본 설정을 완료한 후 사용 시작.

[장점]

- 언제 어디서나 작업 가능
- 스마트폰만 있으면 이동 중에도 편집 작업을 수행할 수 있어 매우 편리
- 터치 기반 인터페이스
- 직관적이고 간단한 터치 기반 조작으로 초보자도 쉽게 사용
- SNS와의 연동성
- 편집 후 결과물을 바로 유튜브 쇼츠, 틱톡, 인스타그램 릴스 등에 업로드
- 다양한 모바일 전용 템플릿 제공
- 모바일에 최적화된 트렌디한 템플릿과 효과를 바로 적용

[단점]

- 작은 화면
- 스마트폰의 작은 화면으로 인해 세밀한 작업이나 긴 작업 시 불편
- 기기 성능 제한
- 저사양 스마트폰에서는 고해상도 영상 편집 시 렉 발생이나 처리속도 저하
- 단축키 지원 부족
- 마우스와 키보드를 사용하는 데스크탑 환경에 비해 빠른 작업 속도 어려움

추천 사용자: 이동 중에 콘텐츠를 제작하고 편집해야 하는 사용자, SNS 업로드 빈도가 높은 사용자

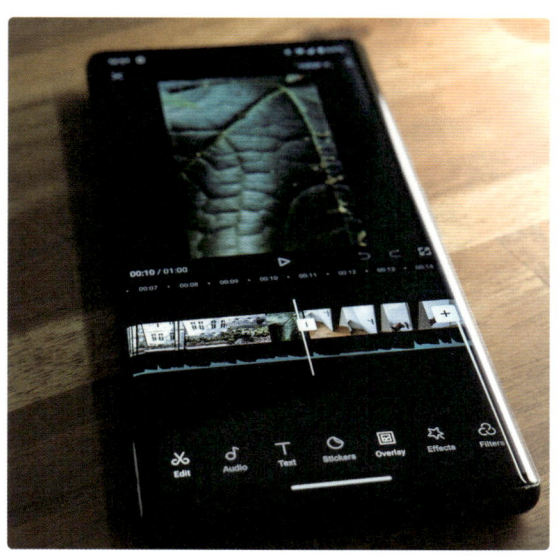

2) 웹사이트에서 사용 (CapCut Web)

CapCut 웹 버전은 브라우저에서 바로 사용할 수 있으며, 소프트웨어를 설치할 필요가 없어 빠르게 작업을 시작할 수 있는 장점이 있습니다.

1. 웹 브라우저에서 **[CapCut 웹사이트]** (https://www.capcut.com)에 접속.
2. 웹 페이지 상단의 '편집 시작하기' 버튼을 클릭하여 웹 편집 화면 진입.
3. 영상을 업로드하고 웹 편집 화면의 기능을 활용하여 영상 편집 진행.

[장점]

- 설치 불필요
- 소프트웨어 설치없이 브라우저에서 바로 사용 가능 → 작업 시작이 빠름.
- 기기 독립성
- 어떤 컴퓨터에서도 인터넷만 연결되면 작업 연동 가능.
- 기본 편집 도구 제공

- 간단한 자르기, 필터 적용, 텍스트 추가 등 기본 편집 기능 충실히 제공
- 클라우드 저장 연동
- 클라우드에 작업 내용 저장 → 파일 손실 위험 감소, 다른 기기 편집 연동

단점

- 고급 기능 부족
- 데스크탑 버전이나 모바일 앱에 비해 일부 고급 기능 제한
  (예: 고해상도 렌더링, 정밀한 효과 설정 등)
- 인터넷 의존성
- 인터넷 연결이 끊기면 작업 불가, 네트워크 속도에 따라 작업 속도 변동
- 플랫폼 호환성 문제
- 일부 브라우저나 운영체제에서 최적화되지 않을 가능성 있음.

추천 사용자: 설치 없이 빠르게 접근하고 싶거나, 다양한 기기에서 CapCut을 사용할 예정인 사용자

3) 컴퓨터 데스크탑 설치 (Windows / Mac)

CapCut은 데스크탑 버전으로도 제공되어, PC에서 편리하게 고화질 편집과 더 다양한 기능을 사용할 수 있습니다.

1. CapCut 웹사이트에서 다운로드 링크 찾기.
   - Windows 및 Mac 지원 파일이 제공되며, 운영체제에 맞는 버전을 선택.
2. 다운로드된 파일을 실행하여 설치를 진행.
3. 설치가 완료되면 CapCut 데스크탑 버전을 실행하여 편집 작업 시작.

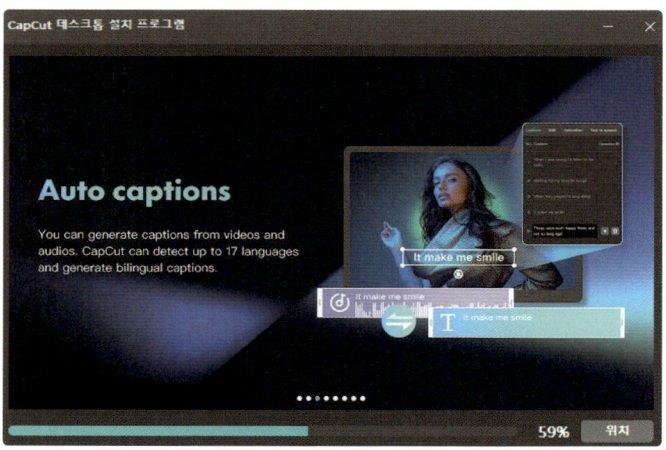

장점

- 전문적인 작업 가능
- 고해상도 영상 편집, 세밀한 자막 조정, 다중 트랙 작업 등 전문 기능 제공
- 넓은 화면
- 큰 화면과 키보드/마우스를 사용해 정밀한 작업을 수행 → 고급 편집 적합
- 강력한 성능
- 고성능 PC- 렌더링/영상 처리 속도가 빨라 대규모 프로젝트 작업에도 적합
- 단축키 지원
- 단축키를 활용해 빠르고 효율적인 작업 가능, 반복 작업 시간 단축.

> 단점

- 설치 필요
- 프로그램 설치 및 업데이트가 필요 → 설치 공간이 부족할 시 제약 가능
- 휴대성 부족
- 데스크탑 환경에서만 작업이 가능하므로 이동 중에 작업하기 어려움.
- 초보자에겐 복잡할 수 있음.
- 다양한 고급 기능이 제공되지만, 영상 편집에 익숙하지 않은 사용자에게는 다소 복잡.

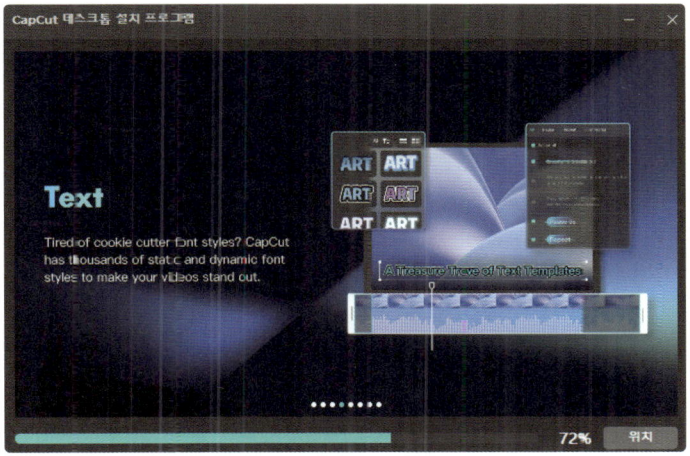

> **추천 사용자:** 고해상도 콘텐츠 제작, 장시간 편집 작업이 필요한 사용자, 전문적인 편집을 원하는 사용자

각 버전은 사용자의 작업 환경에 따라 선택할 수 있으며, 스마트폰에서는 즉각적인 편집과 SNS 업로드가 가능하고, 웹사이트와 데스크탑 버전은 좀 더 큰 화면에서 세밀한 편집 작업을 할 수 있습니다.
CapCut을 설치하고 나면, 기본 인터페이스와 기능을 익히고 본격적인 편집 작업에 들어갈 준비가 완료됩니다.

▶02 CapCut 인터페이스 둘러보기

CapCut의 인터페이스는 초보자도 직관적으로 사용할 수 있도록 설계되어 있으며, 편집에 필요한 다양한 도구가 깔끔하게 배치되어 있습니다. 프로젝트 생성, 타임라인 편집, 미디어 불러오기 및 다양한 편집 도구를 쉽게 찾을 수 있습니다.
CapCut은 모바일, 웹, 데스크탑 버전 모두 비슷한 인터페이스를 제공하지만, 여기서는 주요 구성 요소와 함께 각각의 기능을 자세히 살펴보겠습니다.

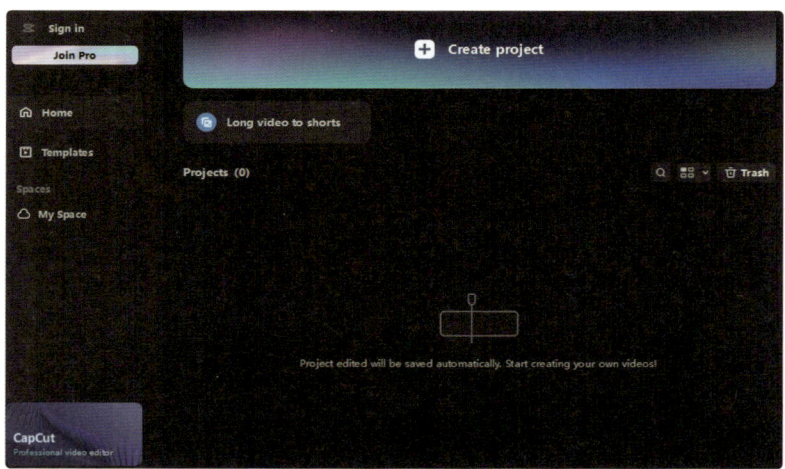

1. CapCut 인터페이스 주요 구성 요소

1) 프로젝트 화면
- CapCut을 실행하면 가장 먼저 새 프로젝트를 생성하거나 기존 프로젝트를 불러올 수 있는 화면이 나타납니다.

- 새 프로젝트 버튼을 클릭하여 새로운 편집 프로젝트를 시작할 수 있으며, 프로젝트마다 독립된 타임라인과 설정을 가집니다.

2) 미디어 라이브러리
- 프로젝트 화면에서 미디어 라이브러리는 영상, 사진, 오디오 등 편집에 필요한 파일을 불러오거나 저장하는 곳입니다.

- 미디어 추가 버튼을 눌러 파일을 불러오고, 불러온 파일은 타임라인에 드래
그하여 배치할 수 있습니다. CapCut은 다양한 형식의 영상 및 이미지를 지
원하며, 폴더별로 미디어를 관리할 수 있어 편리합니다.

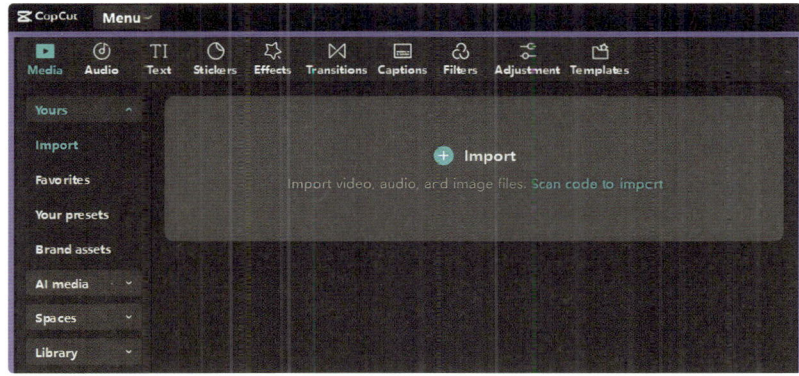

3) 타임라인 편집 영역

- 타임라인은 CapCut 인터페이스의 가장 중요한 부분으로, 영상 편집의 중심
입니다.
- 타임라인에는 비디오 트랙, 오디오 트랙, 텍스트 트랙이 층층이 나뉘어 있으
며, 각 트랙에 영상을 자유롭게 배치할 수 있습니다.
- 타임라인에서 클립 자르기, 이동, 확대/축소 등의 작업을 하여 영상 흐름을
정리할 수 있습니다.
- 영상 클립을 클릭하면 추가 옵션이 나타나, 색상 조정, 속도 조절, 효과 추가
등 편집 기능을 쉽게 활용할 수 있습니다.

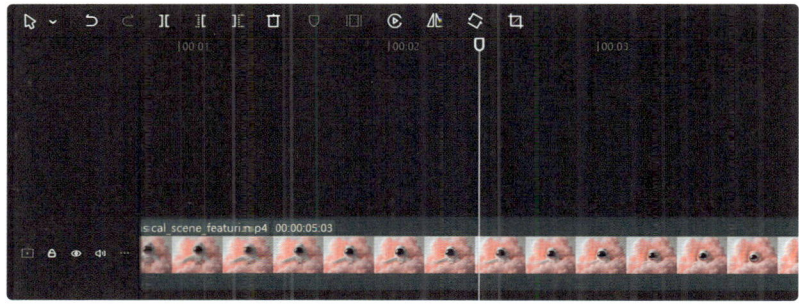

4) 미리보기 화면

- 인터페이스의 오른쪽에는 미리보기 화면이 위치해, 편집 작업을 실시간으로 확인할 수 있습니다.
- 편집 중인 영상이 어떻게 보일지 시각적으로 확인하며 수정할 수 있으며, 각 장면에 적용한 효과나 자막이 어떻게 보이는지 즉시 확인 가능합니다.
- 재생, 일시 정지, 반복 재생 등 기본적인 조작이 가능하며, 미리보기 화면에서 영상을 드래그하여 원하는 위치로 바로 이동할 수도 있습니다.

5) 편집 도구 메뉴

- **타임라인 위쪽**에는 다양한 편집 도구 메뉴가 배치되어 있습니다.
  주요 도구는 다음과 같습니다.

> - **자르기**(Cut): 선택한 영상 클립을 일정 구간만 잘라내거나 특정 길이로 나눔.
> - **화면**(Speed): 영상 클립의 속도를 빠르게 하거나 느리게 조절.
> - **화면 자르기**(Crop): 영상에 화면을 자르거나 회전.
> - **녹음**(Record): 내레이션을 녹음하는 기능.

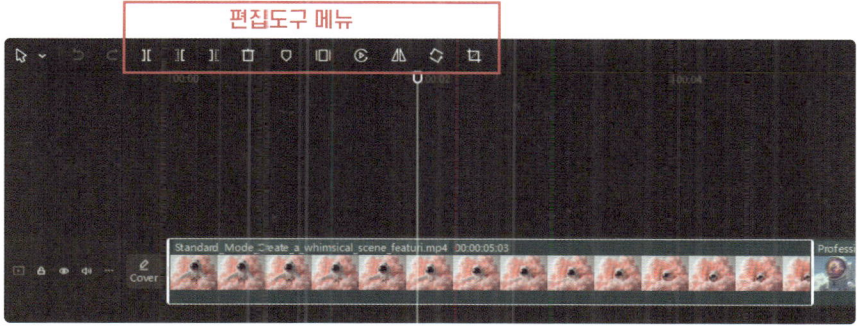

6) 오디오 편집 영역

- **타임라인 아래쪽**에는 오디오와 자막을 편집하는 트랙이 나란히 표시되어 있습니다.

- 오디오 트랙에서 배경음악, 효과음을 추가하고, 원하는 길이로 조절하며 화면 오른쪽 상단에서 음량과 페이드 인/아웃을 설정할 수 있습니다.

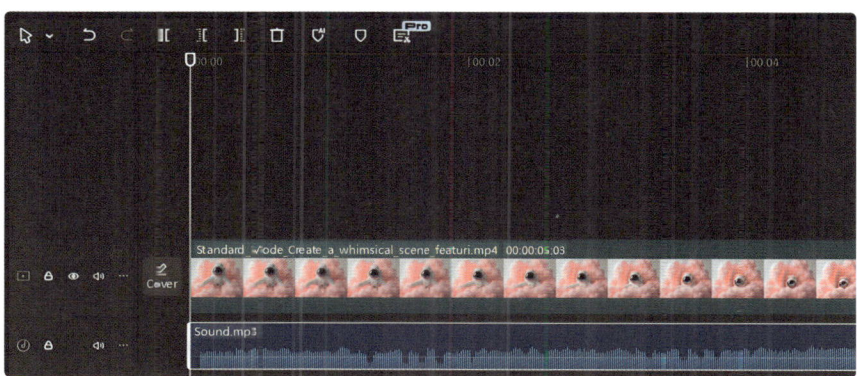

7) 설정 및 내보내기(Export)

- 편집을 완료했다면 인터페이스 상단의 설정 메뉴에서 해상도, 프레임 속도 등을 설정한 후 내보내기 옵션을 통해 영상을 저장할 수 있습니다.

- CapCut은 여러 해상도와 파일 형식을 지원하므로, 유튜브 쇼츠, 인스타그램 릴스, 틱톡 등 각 플랫폼에 맞는 형식으로 내보내기가 가능합니다.

설정 > 내보내기

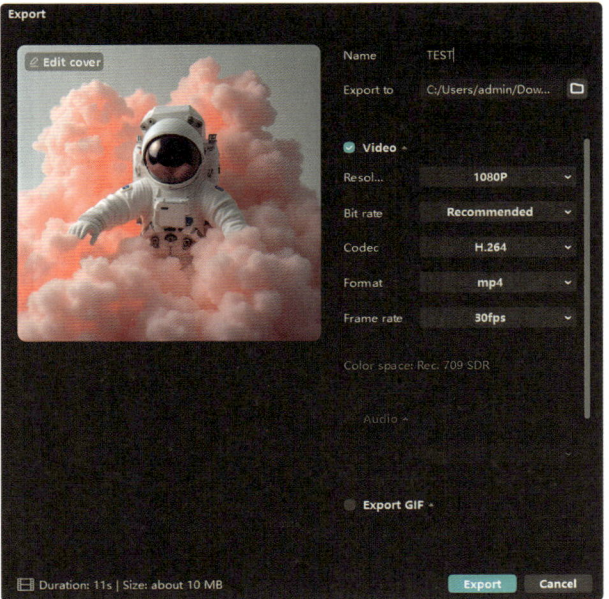

CapCut 인터페이스 활용 팁

- 타임라인 확대/축소 기능을 활용하면 세밀한 편집이 가능하여, 작은 장면까지 정확히 편집할 수 있습니다.

- 자주 사용하는 편집 도구를 즐겨찾기에 추가하면 편집 속도를 높일 수 있습니다.

- 자동 자막 기능을 통해 자막을 간편하게 추가하고, 미리보기 화면에서 바로 스타일을 설정하여 자막의 가독성을 높입니다.

- 내보내기 전 미리보기 화면에서 전체 재생을 통해 최종 결과물을 확인하고, 색상이나 자막 오류가 없는지 점검합니다.

03 CapCut의 기본 기능 이해하기

CapCut의 기본 기능을 이해하고 활용하면 숏폼 콘텐츠를 보다 효과적으로 제작할 수 있습니다. 이 장에서는 영상 자르기, 속도 조절, 필터 적용을 통해 콘텐츠의 기본 편집 과정을 다루며, 이를 통해 영상의 흐름과 분위기를 조절하는 방법을 배웁니다.

1. 영상 자르기 (Trimming & Splitting)

영상 자르기는 편집의 기본 작업으로, 불필요한 부분을 제거하거나 특정 구간만 선택해 영상의 길이를 조정하는 작업입니다. CapCut에서는 쉽게 자르고 분할할 수 있는 기능을 제공하여, 원하는 구간만을 남겨 놓을 수 있습니다.

영상 자르기 방법

① 타임라인에 편집할 영상 클립을 추가합니다.
② 자르고 싶은 위치로 재생 헤드를 이동시키고, **'자르기(Split)'** 버튼을 클릭하여 영상 클립을 두 부분으로 나눕니다.
③ 나눈 클립 중 불필요한 부분을 선택하고 **'삭제(Delete)'** 버튼을 눌러 제거합니다.

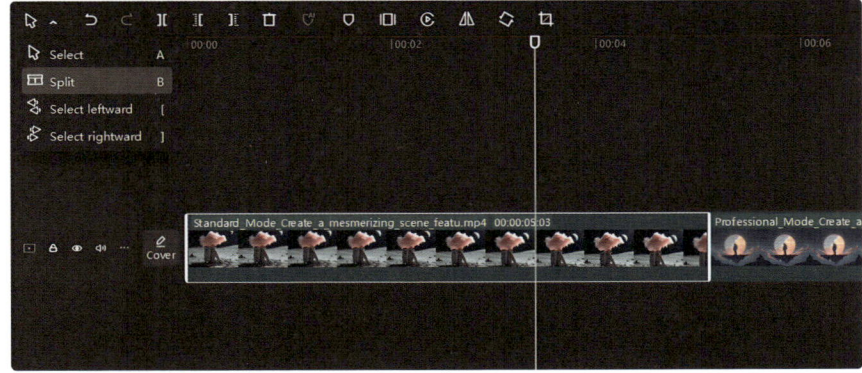

> **활용 예시**
>
> - 긴 촬영 분량 중 사용하지 않을 부분을 제거해 영상 길이를 줄입니다.
> - 영상 흐름을 끊김 없이 연결해 시청자가 몰입할 수 있도록 구성합니다.
> - 자른 여러 클립을 조합하여 다양한 장면을 빠르게 전환하면서 동적인 효과를 줄 수 있습니다.

2. Q키와 W키를 사용한 빠른 자르기 및 삭제

CapCut은 Q키와 W키 단축키를 사용하여, 현재 재생 헤드 위치에서 특정 방향의 모든 클립을 한 번에 삭제할 수 있습니다. 이를 활용하면 영상 자르기와 삭제를 한 단계로 빠르게 처리할 수 있어 편집 속도가 크게 향상됩니다.

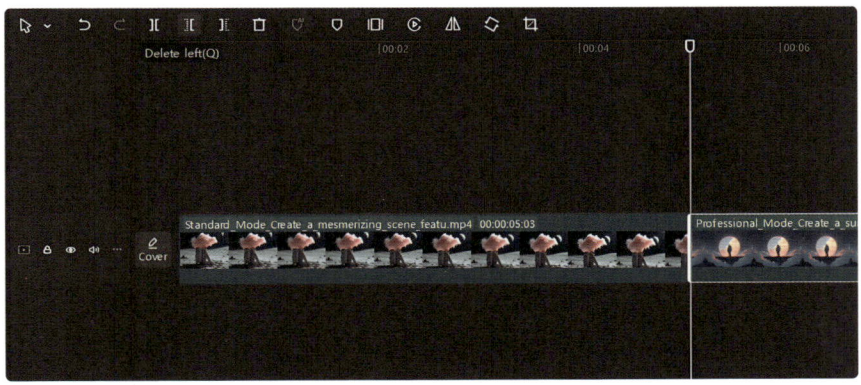

왼쪽 부분 삭제 (Q키)

- 재생 헤드를 기준으로 온쪽에 있는 모든 클립을 삭제할 때는 **Q키**를 누릅니다.
- 이 기능은 재생 헤드 왼쪽에 남기고 싶지 않은 부분이 있을 때 빠르게 사용할 수 있습니다.

  예 ▶ 인트로 구간을 자르고 본격적인 시작 부분만 남기고 싶을 때 유용합니다.

오른쪽 부분 삭제 (W키)

- 재생 헤드를 기준으로 으른쪽에 있는 모든 클립을 삭저 할 때는 **W키**를 누릅니다.
- 이 기능은 재생 헤드 오른쪽의 불필요한 클립을 빠르게 삭제할 수 있습니다.

  예 ▶ 영상 클립의 중간 부분까지만 필요할 때, 이후의 불필요한 부분을 빠르게 제거할 수 있습니다.

3. 속도 조절 (Speed Adjustment)

속도 조절은 영상의 재생 속도를 빠르게 하거나 느리게 하는 기능으로, 영상의 긴장감과 집중도를 높일 수 있는 중요한 요소입니다. CapCut에서는 일반 속도 조절과 커브 속도 조절 두 가지를 제공하여 다채로운 연출을 할 수 있습니다.

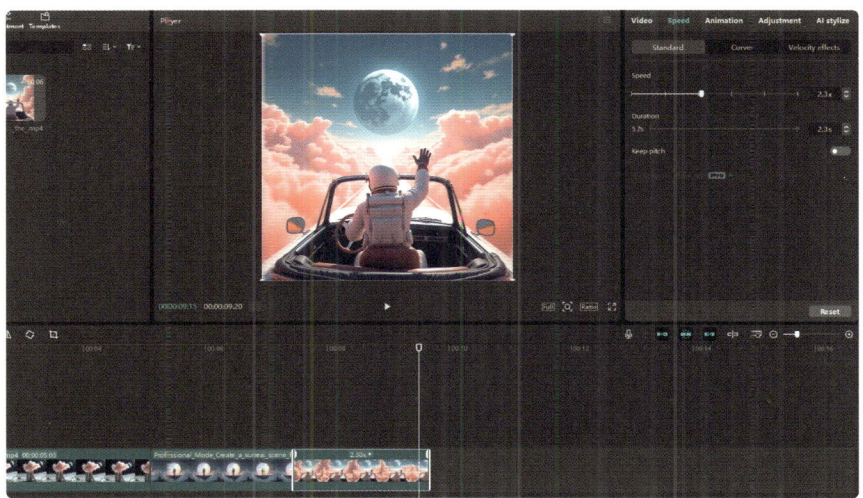

> 속도 조절 방법

① 타임라인에서 속도를 조절할 클립을 선택합니다.
② '속도(Speed)' 메뉴를 클릭한 후 두 가지 옵션 중 하나를 선택합니다.

- 일반 속도(Normal): 클립 전체의 속도를 일정하게 빠르게 또는 느리게 조절하는 방법입니다. 재생 속도를 높이면 영상이 빨리 지나가고, 낮추면 느리게 재생됩니다.

- 커브 속도(Curve): 속도를 일정하게 유지하지 않고 클립의 특정 부분에서 빠르게 또는 느리게 설정할 수 있어, 액션 장면이나 강조하고 싶은 부분을 연출하는 데 적합합니다.

③ 속도 슬라이더를 조절하여 원하는 속도를 설정합니다. 일반적으로 1x가 원래 속도이며, 숫자를 높일수록 빨라지고 낮출수록 느려집니다.

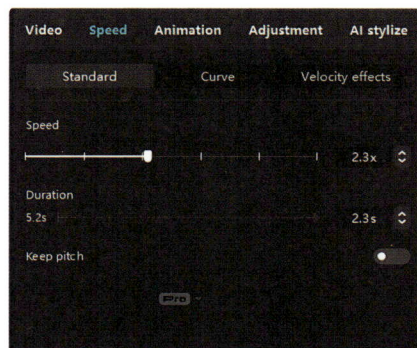 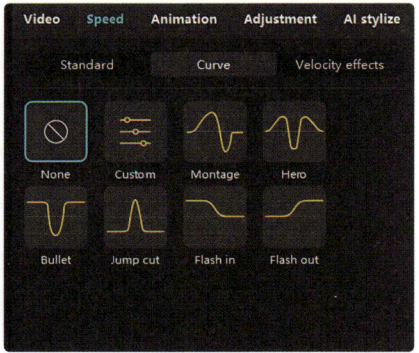

> 활용 예시

- 슬로모션 효과: 드라마틱한 장면이나 하이라이트 부분을 천천히 재생하여 시청자가 더 집중하도록 유도합니다.
- 타임랩스 효과: 긴 과정을 짧게 압축해 보여주고자 할 때 속도를 빠르게 설정해 시간의 흐름을 표현합니다.
- 강조 연출: 특정 순간만 빠르게 혹은 느리게 설정하여 긴장감을 높이고, 시청자가 그 순간에 더 주목하게 만듭니다.

4. 필터 적용 (Filter Application)

필터는 영상의 색감과 분위기를 바꾸어 특정 감정을 유도하거나 일관된 스타일을 연출하는 데 사용됩니다. CapCut은 다양한 필터 옵션을 제공하여 영상의 테마와 느낌을 쉽게 조정할 수 있습니다.

필터 적용 방법

① 타임라인에서 필터를 적용할 클립을 선택합니다.
② '**필터(Filter)**' 메뉴를 선택하여 다양한 필터 목록을 확인합니다.
③ 원하는 필터를 선택하여 적용하고, 필터의 강도를 조절해 영상의 색감을 미세하게 조정합니다.

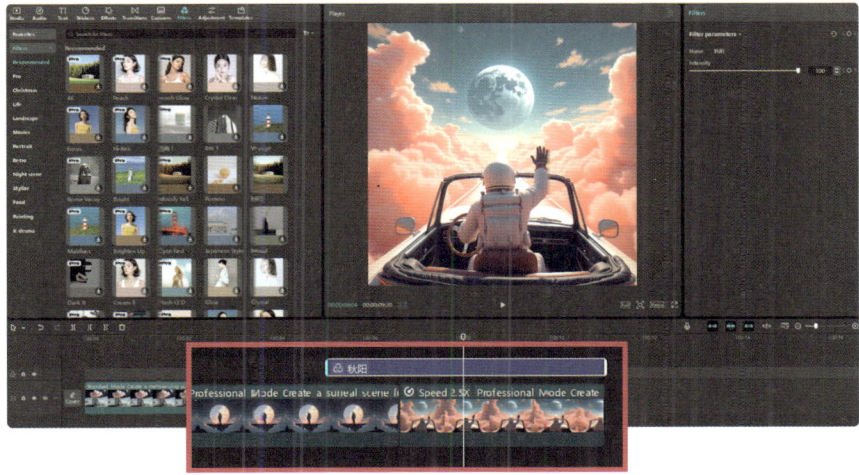

활용 예시

- **계절이나 분위기 표현**: 예를 들어, 따뜻한 색감의 필터를 사용해 여름 느낌을, 차가운 색감의 필터를 사용해 겨울 느낌을 연출할 수 있습니다.

- **빈티지나 감성적인 느낌 추가**: 흑백 필터나 그레인 효과가 포함된 필터를 통해 빈티지한 감성이나 분위기를 표현할 수 있습니다.

- **일관성 있는 영상 톤 유지**: 여러 클립이 포함된 영상의 경우, 동일한 필터를 사용해 색감을 통일하여 일관된 분위기를 유지할 수 있습니다.

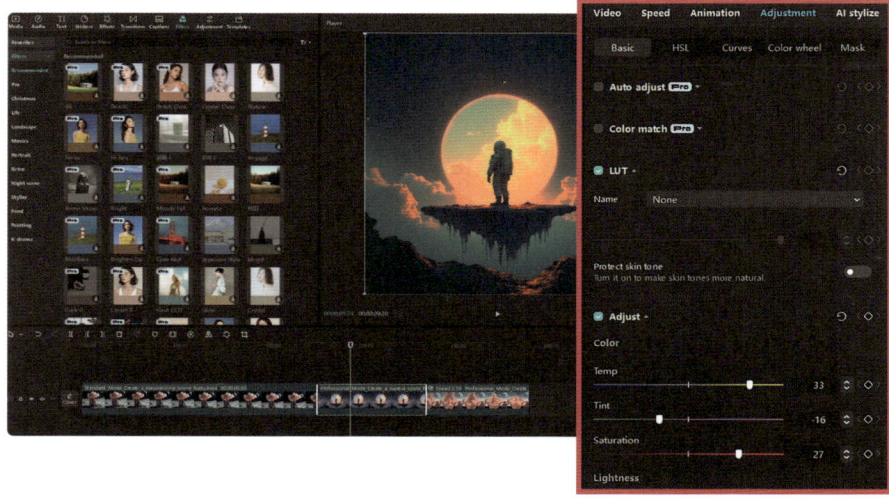

5. CapCut 기본 기능을 활용한 편집 팁

- **영상 자르기와 속도 조절의 조합**: 빠르게 진행되는 영상에서는 짧은 클립을 빠르게 연결하고, 강조하고 싶은 장면은 속도를 느리게 설정해 시청자가 주목하게 만듭니다.

- **필터와 속도의 조화**: 필터로 감성적인 분위기를 연출한 후, 속도를 조절해 중요한 장면에서 감정선을 더 강조할 수 있습니다.

- **타임라인에서 다양한 편집 기능 활용**: 타임라인에서 영상 자르기, 속도 조절, 필터 적용을 하나의 작업 흐름으로 설정하여 자연스럽게 연결되도록 구성하면 시청 경험이 향상됩니다.

> CapCut의 영상 자르기, 속도 조절, 필터 적용 기능을 통해 기본적인 편집 작업을 효과적으로 수행할 수 있습니다. 이 기능들을 적절히 활용하여 더욱 완성도 높은 콘텐츠를 제작해 보세요.

04 CapCut 자막과 요소 추가

자막은 시청자에게 내용을 쉽게 전달하고, 영상의 메시지를 강조하는 데 중요한 역할을 합니다. CapCut에서는 자동 자막 생성, 자막 스타일 설정 등의 기능을 통해 자막을 간편하게 추가하고 편집할 수 있습니다. 이 장에서는 CapCut에서 자막을 추가하고, 스타일을 조정하여 콘텐츠를 더욱 효과적으로 전달하는 방법을 알아봅니다.

1. 기본 자막 추가 방법

1) 타임라인에 영상 추가
- 자막을 추가할 영상 클립을 타임라인에 배치합니다.

2) 자막 추가
- 메뉴 상단 메뉴에서 '**텍스트(Text)**' 탭을 클릭하고, '**자막 추가(Add Text)**' 옵션을 선택합니다.

- 새 자막 텍스트 상자가 미리보기 화면에 나타나며, 해당 상자를 클릭하여 직접 텍스트를 입력합니다.

3) 자막 위치 조정

- 미리보기 화면에서 자막 텍스트 상자를 드래그하여 원하는 위치로 이동할 수 있습니다. 일반적으로 자막은 화면 하단에 배치하지만, 영상의 구도에 따라 자유롭게 위치를 조정할 수 있습니다.

4) 타임라인에서 자막 길이 조정

- 타임라인의 자막 트랙에서 자막의 길이를 조절하여 특정 구간에만 자막이 나타나도록 설정할 수 있습니다. 자막의 양 끝을 드래그하여 시작 및 종료 시점을 맞춥니다.

5) 자막 스타일 설정

- 자막의 폰트, 색상, 크기 등을 설정하여 영상의 분위기에 맞는 스타일로 조정할 수 있습니다.

(1) 폰트 변경

- 자막을 선택한 후 상단의 **'폰트(Font)'** 메뉴에서 다양한 폰트를 선택하여 자막의 스타일을 변경합니다. 메시지에 따라 강조하고 싶은 폰트를 선택해 시청자의 주목을 끌 수 있습니다.

(2) 텍스트 크기 및 색상 조정

- 텍스트 크기는 자막 상자의 모서리를 드래그하여 조절할 수 있습니다. 자막이 화면에서 잘 보이도록 적절한 크기로 설정합니다.

- 색상도 상단 메뉴에서 선택할 수 있으며, 영상의 배경색과 대비되는 색상을 선택해 가독성을 높입니다.

(3) 테두리 및 그림자 효과 추가

- 텍스트에 **테두리(Border)**를 추가하면 자막이 더욱 선명하게 보입니다. 특히 밝은 배경에서는 어두운 테두리를, 어두운 배경에서는 밝은 테두리를 사용하면 좋습니다.

- **그림자 효과(Shadow)**를 통해 자막에 입체감을 주어 자연스럽게 화면과 어우러지도록 할 수 있습니다. 그림자의 위치와 투명도를 조절하여 자막이 눈에 잘 띄게 합니다.

(4) 애니메이션 효과 적용

- 자막에 다양한 **애니메이션(Animation)** 효과를 적용하여 시청자의 관심을 끌 수 있습니다.

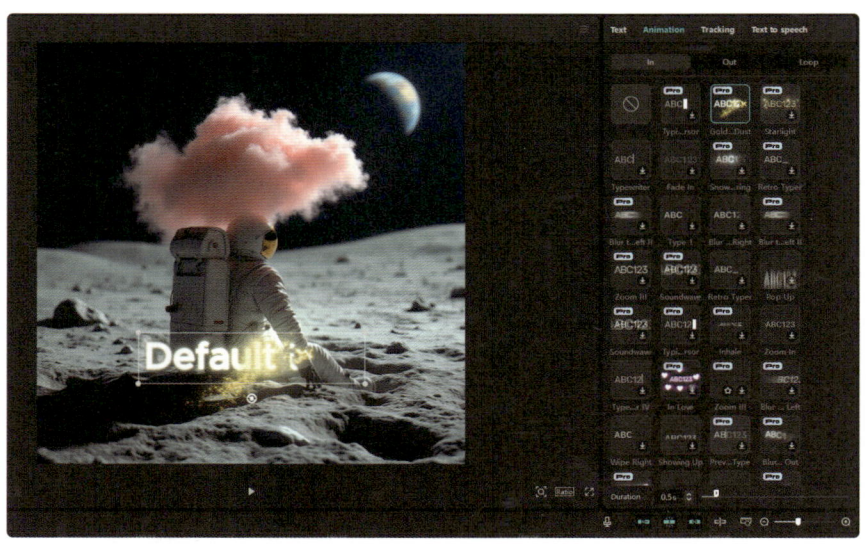

- 예를 들어, 등장 애니메이션을 통해 자막이 부드럽게 나타나거나 사라지도록 설정하거나, 반복 애니메이션을 통해 강조하고 싶은 자막에 리듬감을 줄 수 있습니다.

- 애니메이션 속도와 효과 지속 시간을 설정하여 자연스럽게 연출합니다.

6) 타임라인에서 자막 편집

- 타임라인을 활용해 자막의 세부적인 설정을 편리하게 조정할 수 있습니다.

(1) 자막 위치 조정

- 타임라인에서 자막의 길이를 조절하여 특정 대사나 장면에 맞게 자막이 나타나도록 설정합니다.
- 자막 트랙에서 자막 클립을 원하는 구간으로 이동시켜 시각적 흐름을 끊김 없이 연결합니다.

(2) 자막 구간 나누기

- 긴 대사나 여러 문장으로 구성된 자막은 타임라인에서 여러 구간으로 나누어 시청자가 읽기 쉽게 표시할 수 있습니다.
- 자막을 나누고자 하는 위치에 재생 헤드를 놓고, **자르기(Split)** 도구를 사용해 자막 구간을 나눕니다.

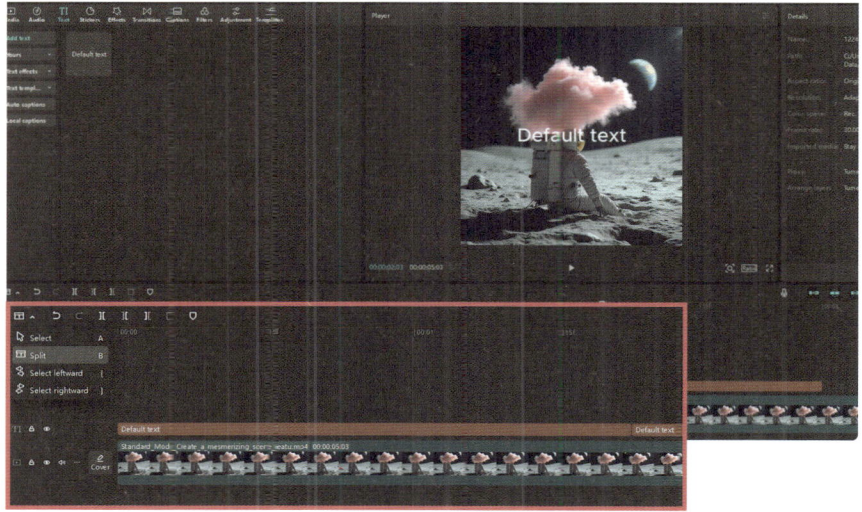

(3) Q키와 W키 활용

- 자막 트랙에서도 Q키와 W키를 사용하여 자막의 왼쪽 또는 오른쪽 구간을 한 번에 삭제할 수 있습니다. 불필요한 구간을 빠르게 정리할 수 있어 작업

시간을 절약할 수 있습니다.

7) 자막 편집 팁

- **가독성을 최우선으로:** 자막은 시청자가 한눈에 알아볼 수 있도록 선명하게 설정합니다. 배경색과 대비를 이루는 색상을 선택하고, 적절한 크기로 설정하는 것이 좋습니다.

- **자막과 영상 연출의 일관성:** 영상의 전체적인 분위기나 색상 테마에 맞춰 자막 스타일을 설정하면 시청자가 더 몰입할 수 있습니다.

- **감정 강조:** 대사에 감정이 담긴 경우, 텍스트 크기나 애니메이션을 활용해 감정을 표현할 수 있습니다. 예를 들어, 중요한 단어나 감정을 강조하는 대사는 크기를 키우거나 진한 색상으로 설정하면 더욱 효과적입니다.

이처럼 CapCut의 자막 추가와 편집 기능을 활용하면 영상의 메시지를 효과적으로 전달할 수 있습니다. 자막을 잘 활용하면 시청자의 이해도를 높이고, 영상의 가치를 한층 더 높일 수 있습니다.

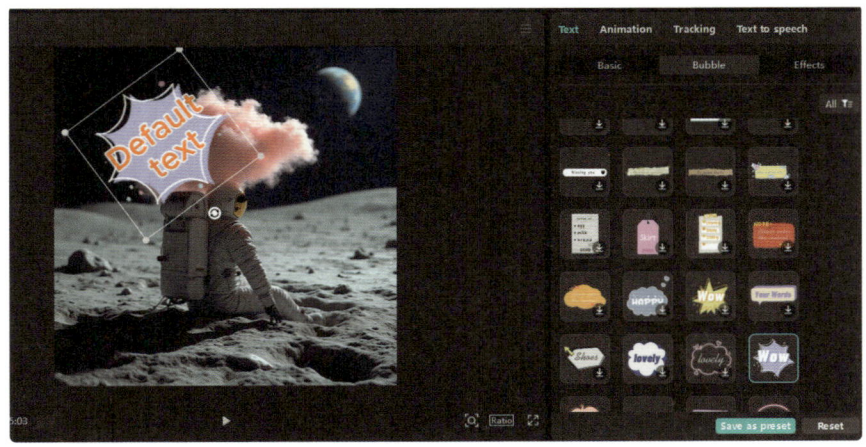

2. CapCut에서 요소 적용 및 활용 방법

CapCut의 **요소(Element)** 기능은 사진, 모양, 말풍선, 스티커 등 다양한 시각적 요소를 추가하여 콘텐츠를 더 생동감 있게 만들어줍니다. 이 기능은 숏폼 영상에 개성을 부여하거나 특정 메시지를 강조하는 데 유용합니다. 아래는 CapCut에서 요소를 추가하고 편집하는 방법을 단계별로 정리한 내용입니다.

1) 요소 적용 방법

(1) 프로젝트 열기
- CapCut을 실행하고, 편집할 영상 파일을 타임라인에 추가합니다

(2) '요소' 탭 선택
- 왼쪽 메뉴에서 **'요소(Element)'** 탭을 클릭합니다.
- 요소 탭에는 다양한 카테고리(사진, 말풍선, 스티커, 아이콘 등)가 제공됩니다.

(3) 원하는 요소 선택
- 검색 창이나 카테고리 필터를 사용해 원하는 요소를 찾아 선택합니다.

> 예시 ▶ 말풍선은 대사를 강조하는 데 유용하며, 스티커는 유머나 감정을 표현하는 데 적합합니다.

(4) 타임라인에 추가
- 선택한 요소를 **'추가(Add)'** 버튼을 눌러 타임라인에 삽입합니다.
- 요소가 추가되면 타임라인에 새로운 트랙으로 나타납니다.

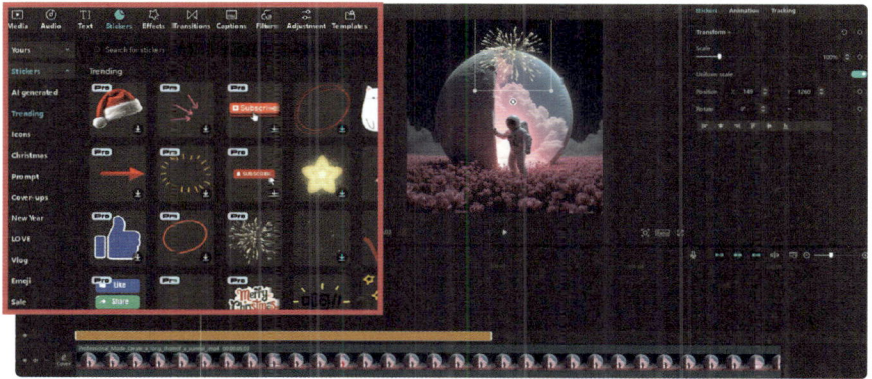

2) 요소 편집 및 조정 방법

(1) 크기 및 위치 조정
- 미리보기 화면에서 조정
- 요소를 클릭한 뒤, 모서리를 드래그하여 크기를 조절합니다.
- 화면의 원하는 위치로 요소를 이동시킬 수 있습니다.

(2) 지속 시간 조정
- 타임라인에서 조정
- 타임라인의 요소 트랙 양 끝을 드래그하여 요소가 화면에 나타나는 시간을 조정합니다.
- 특정 장면에서만 요소를 표시하고 싶다면, 해당 구간에 요소를 맞춰 배치합니다.

(3) 색상 및 투명도 설정

① 색상 변경
- 일부 요소(예: 모양, 말풍선 등)는 색상을 변경할 수 있습니다. 선택한 요소의 **'속성(Properties)'** 메뉴에서 색상 팔레트를 사용해 조정합니다.

② 투명도 조정
- 요소의 투명도를 낮추어 영상 배경과 자연스럽게 어우러지도록 만들 수 있습니다.

(4) 회전 및 반전
- 요소를 **회전**하거나 **가로/세로**로 반전시켜 독특한 화면 구성을 연출할 수 있습니다.
- 미리보기 화면에서 요소를 클릭한 후 **회전 핸들**을 사용하거나, '속성' 메뉴에서 **회전 각도**를 설정합니다.

3) 요소 유형별 활용 방법

(1) 사진 및 아이콘
- **활용 방법:** 제품 소개, 인포그래픽, 또는 특정 아이템을 강조할 때 사용됩니다.
- **팁:** 클립 아트 스타일의 아이콘은 정보 전달을 명확하게 해주며, 관련 텍스트와 함께 배치하면 더욱 효과적입니다.

(2) 말풍선
- **활용 방법:**
  대화형 콘텐츠나 메시지를 시청자에게 직접 전달하고 싶을 때 적합합니다.
- **팁:**
  말풍선의 크기와 텍스트 스타일을 조정해 가독성을 높이고, 캐릭터나 인물의 위치와 연계하여 자연스러운 대화 연출을 만듭니다.

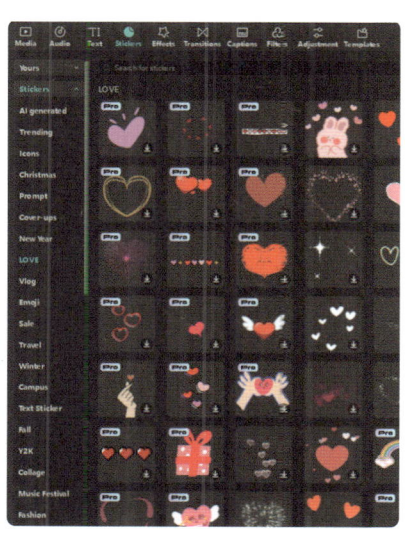

(3) 스티커
- **활용 방법:** 재미를 더하거나 분위기를 강조하고 싶을 때 사용합니다.
- **팁:** 트렌디한 이모지나 움직이는 GIF 스타일의 스티커는 젊은 층의 관심을 끌기 좋습니다.

(4) 모양
- **활용 방법:**
  강조하고 싶은 영역을 하이라이트 하거나, 자막이나 텍스트의 배경으로 사용됩니다.

- **팁:**
  단순한 원형이나 사각형을 사용하여 디자인에 통일감을 줄 수 있습니다.

4) 요소 활용 팁

(1) 너무 많은 요소를 사용하지 않기
- 요소를 과도하게 추가하면 화면이 복잡해 보일 수 있습니다. 필요한 곳에만 선택적으로 사용하세요.

(2) 영상과 조화로운 디자인 선택
- 요소의 색상과 스타일이 영상의 테마와 어울리도록 조정합니다.

(3) 애니메이션 효과로 생동감 부여
- 정적인 요소도 적절한 애니메이션 효과를 추가하면 더 역동적이고 매력적으로 보일 수 있습니다.

(4) 플랫폼 맞춤 스타일 적용

- 예를 들어, 틱톡에서는 유머러스한 스티커와 말풍선이, 유튜브 쇼츠에서는 간결한 아이콘과 모양이 잘 어울립니다.

CapCut의 요소 기능은 간단하지만 콘텐츠의 퀄리티를 한층 높이는 데 매우 유용합니다. 각 요소를 영상의 주제와 조화롭게 활용해 더욱 매력적인 콘텐츠를 제작해 보세요.

05 CapCut에서 음악 및 음향 효과 활용법

음악과 음향 효과는 영상의 분위기를 조성하고, 시청자에게 감정을 전달하는 데 중요한 요소입니다. CapCut에서는 다양한 음악과 효과음을 손쉽게 추가하고, 편집할 수 있는 기능을 제공하여 영상의 완성도를 높일 수 있습니다. 이 장에서는 음악 및 음향 효과를 추가하고, 편집하여 영상에 자연스럽게 녹아들게 하는 방법을 설명합니다.

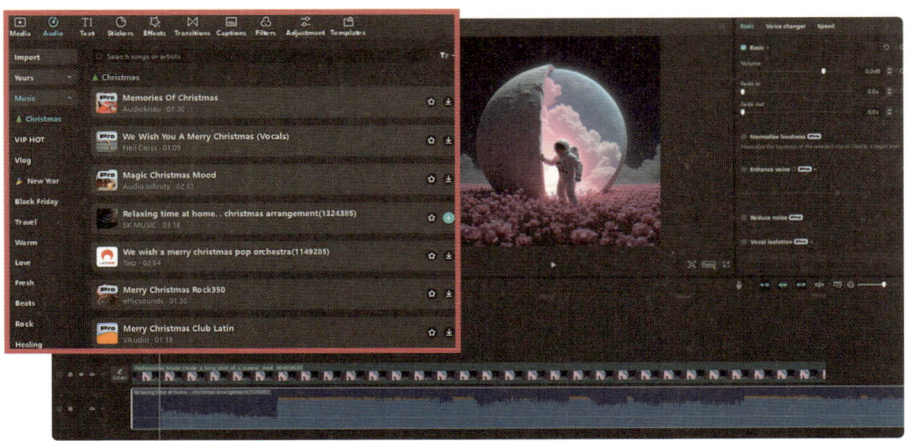

1. 음악 추가하기

CapCut에는 자체적인 음악 라이브러리가 있어, 저작권 문제 없이 다양한 배경 음악을 사용할 수 있습니다. 또한 사용자 소장 음악을 추가할 수도 있습니다. 다만 프로 표시 되어 있는 음악은 유료버전에서 사용 가능합니다.

1) CapCut 라이브러리에서 음악 선택하기

1. 탭 왼편에 '오디오(Audio)' 탭을 클릭하고, '음악(Music)' 을 검색합니다.
2. 음악 라이브러리에서 카테고리를 선택하여 분위기와 장르에 맞는 음악을 찾습니다.
   - 예를 들어, 밝고 경쾌한 음악, 긴장감을 주는 음악 등 다양한 테마가 준비되어 있어 영상의 목적에 맞는 음악을 쉽게 선택할 수 있습니다.

3. 원하는 음악을 선택하고 '**추가(Add)**' 버튼을 눌러 타임라인에 추가합니다.

2) 자체 음악 추가하기

- 저장된 음악 파일을 불러와오고, 추가할 수 있습니다.
- 음악 파일이 타임라인에 표시되며, 자유롭게 편집이 가능합니다.

2. 음향 효과 추가하기

CapCut은 다양한 음향 효과(Sound Effects)를 제공하여, 영상에 맞는 효과음을 추가할 수 있습니다.
효과음은 작은 디테일이지만 영상의 몰입도를 크게 높여줍니다.

1. '오디오(Audio)' 탭에서 '효과음(Sound Effects)'을 선택합니다.
2. 카테고리별로 정리된 효과음 목록에서, 상황에 맞는 음향 효과를 찾아 추가합니다.
* 예를 들어, 웃음소리, 박수, 자연의 소리 등 다양한 효과음이 제공됩니다.
3. 원하는 효과음을 선택하고, '추가(Add)' 버튼을 눌러 타임라인에 배치합니다.
4. 타임라인에서 효과음의 위치를 조정하여 특정 장면에 맞추거나 반복적으로 배치할 수 있습니다.

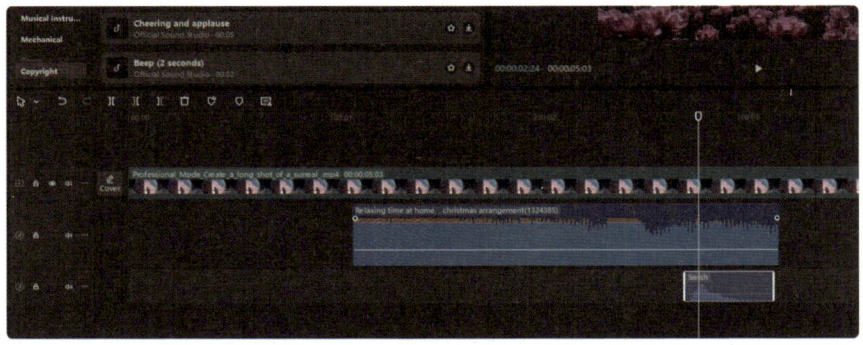

3. 음악 및 효과음 편집

추가된 음악과 효과음은 타임라인에서 여러 방식으로 편집할 수 있습니다. CapCut의 볼륨 조절, 페이드 인/아웃, 타임라인 위치 조정 등을 통해 음악과 음향 효과가 영상에 자연스럽게 녹아들도록 합니다.

1) 볼륨 조절
① 타임라인에서 음악 또는 효과음 트랙을 선택합니다.
② 상단 메뉴의 **볼륨(Volume) 옵션**에서 음량 슬라이더를 조절하여 볼륨을 높이거나 낮춥니다.

- 음악이 대사를 덮지 않도록 배경 음악의 볼륨을 낮추고, 효과음의 경우 강조하고 싶은 부분에서 볼륨을 높이는 등 볼륨을 조정합니다.

2) 페이드 인(Fade In) 및 페이드 아웃(Fade Out)
① 음악 트랙을 선택한 후, **페이드(Fade) 옵션**을 클릭합니다.
② 페이드 인/페이드 아웃 길이를 조절하여 음악이 자연스럽게 시작하고 나도록 설정합니다.
③ **페이드 인**은 음악이 점차 커지는 효과로, 갑작스럽지 않고 부드럽게 음악을 시작할 수 있습니다.
④ **페이드 아웃**은 음악이 점차 작아지며 사라지는 효과로, 영상 종료 시 부드러운 마무리감을 줍니다.

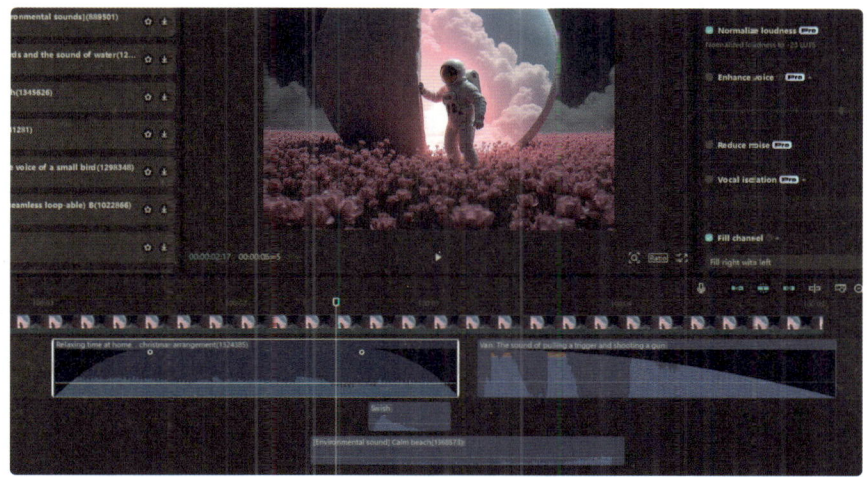

3) 타임라인에서 위치 및 길이 조정

① 타임라인에서 음악이나 효과음 트랙의 양 끝을 드래그하여 길이를 조정합니다.
② 필요한 구간만 남기고 싶다면 **자르기(Split) 도구**를 사용해 원하는 부분만 남길 수 있습니다.
③ 드래그하여 타임라인에서 원하는 위치에 배치합니다.
④ 특정 장면에 맞춰 효과음이 나도록 정교하게 배치하거나, 필요한 구간에만 배경 음악이 들리도록 설정할 수 있습니다.

4) 여러 음향 효과 조합하기

- 같은 구간에 여러 효과음을 겹쳐서 사용하면 보다 풍성한 사운드 효과를 낼 수 있습니다.

예를 들어, 축하 장면에서 박수 소리와 환호 소리를 겹쳐 배치하면 생동감 있는 효과를 연출할 수 있습니다.

4. 보이스 체인저 기능

CapCut은 보이스 체인저 기능을 통해 다양한 음성 변환 효과를 제공하며, 영상 콘텐츠의 재미와 창의성을 높이는 데 유용합니다. 사용자는 자신의 음성을 다양한 스타일로 변환하여 특별한 분위기를 연출할 수 있습니다.

1) 주요 기능

(1) 목소리 톤 조절

- **중저음**: 목소리를 낮고 깊게 만들어 무게감을 더함.
- **레트로 바이브**: 옛날 라디오나 빈티지 톤 느낌의 음성 변환.

(2) 성별 변경

- **여성 목소리**: 부드럽고 높은 음성으로 변환.
- **남성 목소리**: 낮고 굵은 음성으로 변환.

(3) 캐릭터 목소리 변환

- **인형 목소리**: 귀엽고 가벼운 톤으로 변경.

- **좀비 목소리:** 으스스하고 무서운 느낌 연출.
- **짐승 목소리:** 거칠고 강렬한 톤으로 변환.

(4) 음악 스타일 목소리

- **노래 목소리:** 음성을 음악적인 멜로디로 변환.
- **포크 스타일:** 부드럽고 감성적인 음색으로 변환.
- **힙합 스타일:** 리듬감 있는 톤과 텍스처 추가.

2) 사용 방법

(1) 보이스 체인저 접근
- CapCut에서 영상을 불러온 뒤, 음성 트랙을 선택.
- "보이스 체인저" 옵션을 클릭하여 메뉴 활성화.

(2) 효과 선택
- 제공되는 다양한 보이스 효과 중 하나를 선택(예: 중저음, 좀비, 힙합 등).

(3) 미리 듣기와 적용
- 선택한 보이스 체인저 효과를 미리 들어보고, 원하는 경우 적용.

5. CapCut에서 배경 음악과 효과음을 활용한 편집 팁

- **배경 음악과 대사의 조화:** 대사가 중요한 장면에서는 음악 볼륨을 줄이거나, 특정 효과음을 넣어 대사가 잘 들리도록 합니다.

- **영상의 감정선을 고려한 음악 선택:** 영상의 분위기와 어울리는 음악을 선택하여 시청자가 자연스럽게 감정선에 몰입할 수 있게 돕습니다. 예를 들어, 감성적인 영상에는 차분한 음악을, 활기찬 장면에는 경쾌한 음악을 선택합니다.

- **효과음을 활용한 생동감 연출:** 효과음을 통해 영상의 몰입도를 높일 수 있습니다. 예를 들어, 자연 장면에서는 새 소리나 물 흐르는 소리를 넣어 현장감을 줄 수 있습니다.

- **음악과 효과음의 반복 사용:** 특정 장면에서 주기적으로 반복되는 소리를 효과음으로 추가하면, 영상의 리듬을 만들고 시청자의 기억에 남기기 좋습니다.

CapCut의 음악과 음향 효과 기능을 활용하면 영상의 퀄리티를 높이고, 시청자가 더 몰입할 수 있는 콘텐츠를 제작할 수 있습니다. 다양한 배경 음악과 효과음을 잘 조합해, 영상에 필요한 분위기와 생동감을 더해보세요.

06 CapCut의 전환, 비디오 효과, 필터 활용법

CapCut은 전환 효과, 편집 효과, 필터 기능을 제공하여 영상의 분위기를 강화하고, 화면 전환과 스타일을 매끄럽고 감각적으로 연출할 수 있도록 돕습니다. 이 기능들을 활용하면 단순한 영상도 전문적인 느낌으로 업그레이드 할 수 있습니다.
아래는 각 기능의 사용법과 활용 팁입니다.

1. 전환 효과 (Transition)

전환 효과는 클립과 클립 사이를 부드럽게 연결하여 영상 흐름을 자연스럽게 만드는 기능입니다.
영상의 유형에 따라 다양한 전환 효과를 활용할 수 있습니다.

1) 전환 효과 추가 방법

(1) 타임라인에서 클립 간격 선택
- 전환 효과는 두 클립이 이어지는 부분에서 추가할 수 있습니다. 왼쪽 메뉴에 있는 전환을 클릭합니다.

(2) 전환 효과 메뉴 열기
- 전환 효과 목록이 표시됩니다. 다양한 카테고리(기본, 3D, 글리치, 드라마틱 등)에서 원하는 전환 효과를 선택할 수 있습니다.

(3) 전환 효과 설정

- 전환 효과를 선택한 후 **길이**(Duration)를 조정하여 효과가 지속되는 시간을 설정합니다. 짧게 설정하면 빠른 전환, 길게 설정하면 부드러운 전환이 연출됩니다.

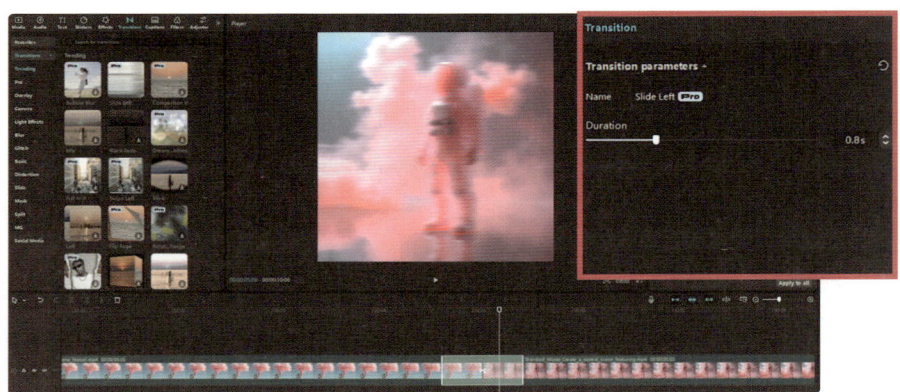

2) 추천 전환 효과

- **페이드 인/아웃 (Fade In/Out)**: 감성적이고 차분한 영상의 시작과 끝을 부드럽게 연출할 때 적합.

- **슬라이드(Slide)**: 한 화면에서 다른 화면으로 깔끔하게 넘어가는 효과로, 정보 전달이 중요한 콘텐츠에 유용.

- **글리치(Glitch)**: 디지털 느낌의 빠른 전환 효과로, 틱톡이나 유튜브 쇼츠의 트렌디한 콘텐츠에 적합.

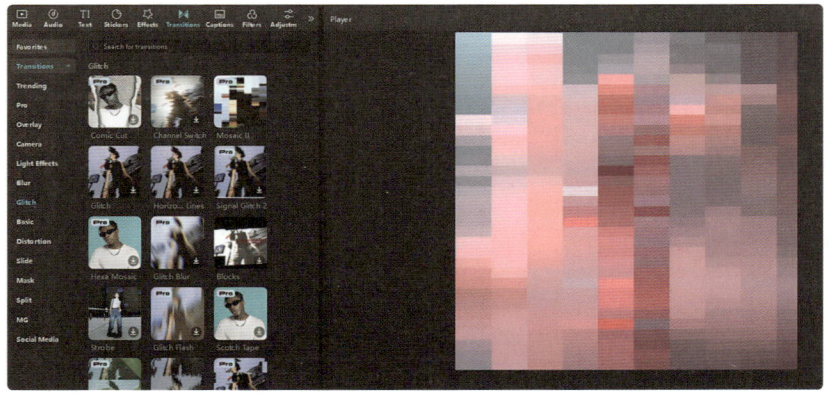

2. 영상 효과 (Video Effects)

편집 효과는 클립 자체에 적용하여 특정 분위기나 강조를 추가하는 기능으로, 전환 효과와 달리 단일 클립에 초점을 맞춥니다.

* 화면 왼쪽 상단에 비디오 효과 (Effect)

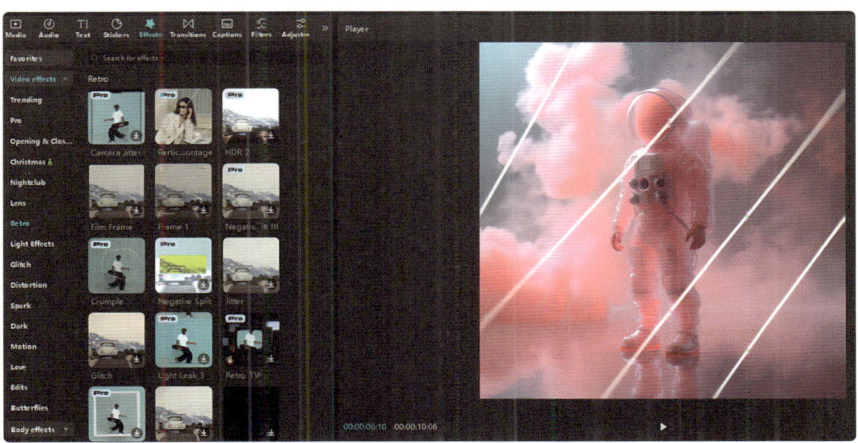

1) 편집 효과 추가 방법

(1) 타임라인에서 클립 선택

- 효과를 적용할 클립을 클릭하여 선택합니다.

(2) '효과(Effect)' 메뉴 열기

- 하단 메뉴에서 **'효과'**를 선택하면 다양한 효과 카테고리(시네마틱, 레트로, 글리치 등)가 나타납니다.

(3) 효과 적용 및 조정

- 원하는 효과를 클릭하면 미리보기 화면에서 적용 결과를 확인할 수 있습니다.
- 속성 메뉴에서 효과의 강도, 속도 등을 세부적으로 조정하여 영상과 어울리게 설정합니다.

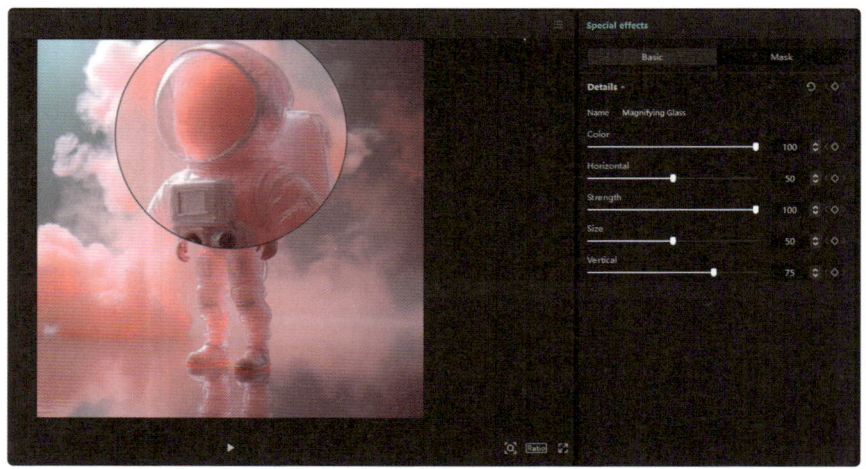

2) 추천 편집 효과
- **흔들림(Shake):** 카메라가 흔들리는 느낌을 주어 긴박감과 역동성을 표현.
- **블러(Blur):** 특정 구간을 부드럽게 처리하거나 포커스를 이동시키는 효과로, 감성적인 분위기 연출에 유용.
- **불꽃(Sparkle):** 밝고 화려한 느낌을 주는 효과로, 제품 리뷰나 축하 장면에 적합.
- **타임랩스(Time-Lapse):** 빠른 시간 경과를 표현하는 효과로, 여행 브이로그 등에 적합.

3. 필터 (Filter)

필터는 영상의 색감과 톤을 조정하여 특정 분위기를 조성하는 데 유용합니다. 다양한 카테고리의 필터가 제공되며, 한 번의 클릭으로 영상의 스타일을 변경할 수 있습니다.

1) 필터 적용 방법
(1) 필터 메뉴 선택
- 왼쪽 메뉴에서 **'필터(Filter)'**를 선택합니다.

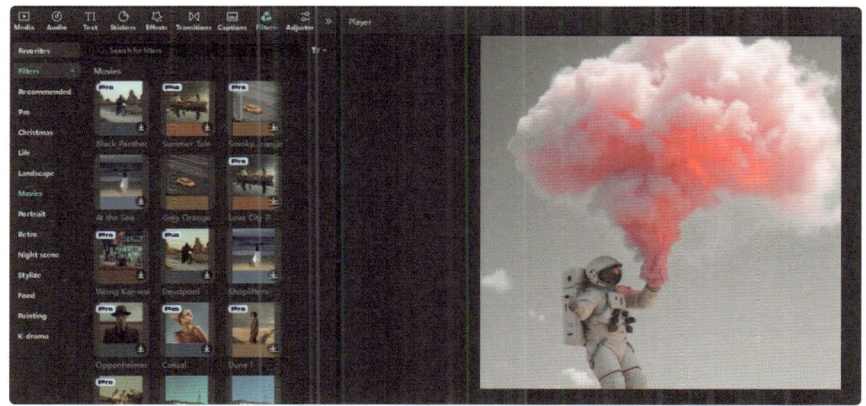

(2) 필터 선택 및 적용

- 다양한 카테고리(자연, 필름, 빈티지, 감성 등) 중에서 원하는 필터를 선택합니다.
- 필터를 적용한 후 강도(Intensity) 슬라이더를 사용해 효과의 세기를 조정합니다.

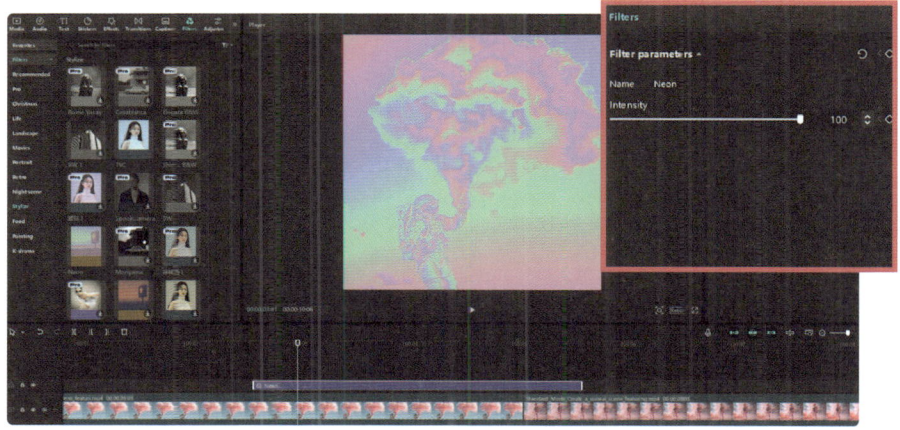

2) 추천 필터

- **필름(Film)**: 클래식하고 고급스러운 느낌의 색감 조정.
- **빈티지(Vintage)**: 레트로하고 감성적인 스타일을 표현할 때 적합.
- **따뜻함(Warm)**: 따뜻하고 화사한 톤으로, 일상 브이로그나 가족 영상에 적합.
- **냉정함(Cool)**: 차분하고 시원한 느낌의 색감을 표현하며, 도시풍의 세련된 콘텐츠에 어울림.

4. 전환, 편집 효과, 필터를 활용한 영상 스타일링 팁

1) 일관된 분위기 조성
- 전환 효과, 편집 효과, 필터를 조합할 때 영상 전체의 톤과 일관성을 유지해야 합니다. 예를 들어, 감성적인 영상에는 페이드 전환과 따뜻한 필터를, 역동적인 영상에는 글리치 효과와 흔들림 편집 효과를 활용합니다.

2) 과도한 효과 피하기
- 효과와 필터는 시각적 포인트를 강화하는 데 유용하지만, 과도하게 사용하면 산만한 느낌을 줄 수 있습니다. 필요한 구간에만 적절히 활용하세요.

3) 스토리에 맞는 효과 선택
- 영상의 주제와 메시지에 맞는 효과를 사용합니다. 예를 들어, 여행 영상에서는 타임랩스 효과와 따뜻한 필터를, 긴박한 장면에서는 흔들림 효과와 어두운 톤의 필터를 선택합니다.

4) 플랫폼별 특성 고려
- 틱톡, 유튜브 쇼츠, 릴스 등 플랫폼별 트렌드에 맞는 효과를 사용하여 콘텐츠를 최적화합니다.

> CapCut의 전환, 편집 효과, 필터는 숏폼 영상 제작에 강력한 도구로, 시청자의 몰입도를 높이고 영상의 퀄리티를 한층 끌어올릴 수 있습니다.
> 각 기능을 조합하여 영상의 흐름과 메시지를 강조해 보세요!

07 CapCut에서 영상 및 이미지에 애니메이션 적용 방법

CapCut은 영상이나 이미지에 애니메이션 템플릿을 간편하게 적용하거나, 키프레임(Keyframe) 기능을 이용해 맞춤형 애니메이션을 제작할 수 있습니다. 아래는 두 가지 방법의 사용법과 활용 팁입니다.

1. 애니메이션 템플릿 적용하기

애니메이션 템플릿은 사전 설정된 효과로, 간단히 클릭만으로 영상과 이미지에 다양한 움직임을 추가할 수 있습니다.

1) 애니메이션 템플릿 적용 방법
(1) 영상 또는 이미지 추가
 - 편집할 영상이나 이미지를 타임라인에 배치합니다.

(2) 애니메이션 메뉴 열기
 - 타임라인에서 클립(영상 또는 이미지)을 선택합니다.
 - 오른쪽 메뉴에서 '**애니메이션(Animation)**' 탭을 클릭합니다.

(3) 애니메이션 유형 선택
- 애니메이션 탭에서 '입장(In)', '퇴장(Out)', '루프(Combo)' 중 원하는 유형을 선택합니다.

> - **입장(In):** 클립이 화면에 등장할 때 적용되는 효과.
> - **퇴장(Out):** 클립이 화면에서 사라질 때 적용되는 효과.
> - **루프(Combo):** 클립 전체에 반복적으로 적용되는 애니메이션.

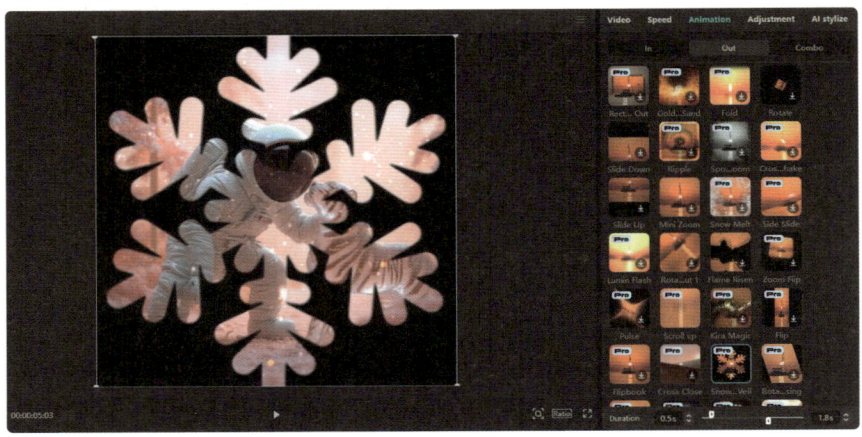

(4) 애니메이션 선택 및 적용
- 다양한 애니메이션 옵션 중 하나를 선택 (예: 페이드 인, 슬라이드, 회전 등).
- 애니메이션 강도와 지속 시간을 조정하여 원하는 효과를 설정합니다.

2) 활용 예시
- **입장 효과:** 사진 슬라이드쇼에서 이미지를 부드럽게 등장시키는 페이드 인 효과 적용.
- **루프 효과:** 클립에 움직임 (예: 흔들림, 확대/축소)을 추가하여 정적인 이미지를 동적으로 보이게 만듦.
- **퇴장 효과:** 영상이 끝날 때 슬라이드 아웃이나 사라지는 효과로 자연스럽게 연결.

2. 키프레임(Keyframe)으로 맞춤형 애니메이션 만들기

키프레임은 클립의 특정 위치에서 속성(위치, 크기, 회전 등)을 조정하여 맞춤형 애니메이션을 제작할 수 있는 기능입니다. 키프레임을 사용하면 템플릿보다 더 세밀하고 독창적인 애니메이션을 만들 수 있습니다.

1) 키프레임으로 애니메이션 만들기

(1) 편집할 클립 선택
- 타임라인에서 애니메이션을 추가할 클립(영상 또는 이미지)을 선택합니다.

(2) 재생 헤드 위치 설정
- 타임라인의 재생 헤드를 애니메이션 시작 지점으로 이동합니다.

(3) 키프레임 추가
- 하단의 '**키프레임(Keyframe)**' 버튼(타임라인 위의 다이아몬드 모양)을 클릭하여 첫 번째 키프레임을 설정합니다.
- 이 시점에서 클립의 초기 상태(위치, 크기, 회전 등)를 지정합니다.

(4) 재생 헤드 이동 및 속성 변경
- 재생 헤드를 다음 위치로 이동합니다.
- 클립의 속성(크기, 위치, 회전 등)을 변경하여 두 번째 키프레임을 생성합니다.

(5) 애니메이션 확인 및 수정
- 재생 버튼을 눌러 두 키프레임 간의 애니메이션이 자연스럽게 연결되는지 확인합니다.
- 키프레임 간격을 조정하여 애니메이션 속도를 변경할 수 있습니다.

2) 활용 가능한 속성
- **위치(Position):** 클립이 화면에서 이동하는 경로를 설정합니다.
- **크기(Size):** 클립을 확대하거나 축소합니다.
- **회전(Rotation):** 클립을 특정 각도로 회전시킵니다.
- **불투명도(Opacity):** 클립의 투명도를 조절하여 점차 나타나거나 사라지게 만듭니다.

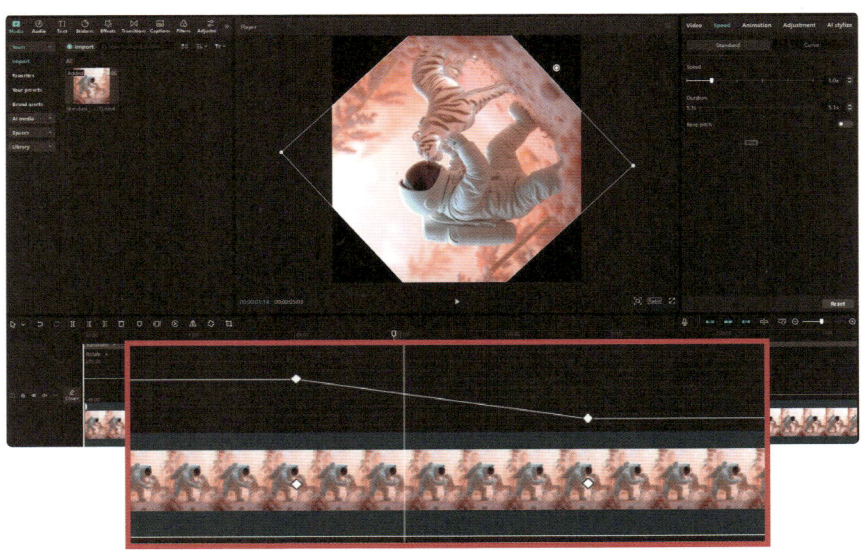

3. 애니메이션 템플릿과 키프레임 활용 팁

1) 템플릿과 키프레임의 조합
- 애니메이션 템플릿으로 기본적인 움직임을 설정한 뒤, 키프레임을 사용해 세부적인 조정을 추가하면 더욱 정교한 효과를 연출할 수 있습니다.

　예 ▶ 템플릿으로 이미지를 슬라이드 인시키고, 키프레임으로 슬라이드 후 회전 효과 추가.

2) 속도와 타이밍 조절
- 키프레임 간격을 조절하여 빠른 움직임(긴장감 있는 효과)이나 느린 움직임(부드러운 연출)을 만듭니다.

3) 복합 애니메이션 제작
- 여러 속성을 동시에 조정하여 복합적인 애니메이션을 제작합니다.

　예 ▶ 이미지가 확대되면서 회전하고 동시에 위치가 이동하도록 설정.

4) 창의적인 사용
- 키프레임과 템플릿을 결합해 독창적인 스토리를 시각적으로 표현하세요.

　예 ▶ 텍스트나 이미지를 움직이는 배경 위에서 따라다니도록 애니메이션 제작.

> CapCut의 애니메이션 템플릿은 빠르고 간편하게 효과를 추가할 수 있으며, 키프레임 기능은 창의적인 표현과 정밀한 제어가 필요한 경우에 유용합니다. 두 가지 기능을 적절히 활용하여 영상에 독특한 움직임과 생동감을 부여해보세요!

08 CapCut의 AI 기능과 활용법

CapCut은 AI 기술을 활용해 영상 편집을 쉽고 빠르게 수행할 수 있는 다양한 기능을 제공합니다. 자동 자막 생성, 오브젝트 트래킹, 오디오 비트 포인트 생성 등은 초보자부터 전문가까지 편리하게 사용할 수 있는 도구로, 작업 시간을 단축하고 결과물의 퀄리티를 높이는 데 유용합니다.

1. 음성에 맞는 자동 자막 생성 (Auto Subtitle)

CapCut은 영상의 음성을 인식하여 자막을 자동으로 생성하는 기능을 제공합니다. 이 기능은 대화나 내레이션이 포함된 영상의 편집 시간을 획기적으로 줄여줍니다.

1) 사용 방법
(1) 영상 파일 추가
- 편집할 영상을 타임라인에 추가합니다.

(2) 자동 자막 생성 선택
- 메뉴에서 '텍스트(Text)' 탭을 클릭한 후, '자동 자막 생성(Auto Captions)'을 선택합니다.

(3) 언어 및 설정 선택
- 자막을 생성할 음성 언어를 선택합니다(한국어, 영어 등 다양한 언어 지원).
- 자막 스타일을 간단히 설정할 수도 있습니다.

(4) 자막 생성 확인 및 편집
- 생성된 자막은 타임라인과 미리보기 화면에 표시됩니다.
- 필요 시 자막 내용을 수정하거나 위치, 스타일을 조정할 수 있습니다.

2) 활용 예시
- **유튜브 쇼츠, 틱톡 영상:** 빠르게 대사를 텍스트로 변환하여 시청자의 이해도를 높임.
- **교육 콘텐츠:** 정확한 대사를 텍스트로 제공하여 학습 효과를 증대.

2. 오브젝트 트래킹 (Object Tracking)

오브젝트 트래킹 기능은 화면 속 특정 객체를 자동으로 추적하여 움직임에 맞게 자막, 스티커, 이미지 등을 따라가게 만드는 기능입니다.
이 기능은 움직이는 피사체나 동적 장면에서 효과적으로 사용할 수 있습니다.

1) 사용 방법

(1) 클립 선택 및 트래킹 대상 설정
- 타임라인에서 클립을 선택하고, 추적할 객체를 미리보기 화면에서 클릭합니다.

(2) 트래킹 활성화
- 텍스트를 선택한 후 오른쪽 메뉴에서 '트래킹(Tracking)' 옵션을 선택합니다.

(3) 추적 대상 지정 및 분석 시작
- 객체를 박스로 선택한 뒤, '추적 시작(Start Tracking)' 버튼을 눌러 분석을 진행합니다.
- CapCut이 자동으로 객체의 움직임을 추적하여 위치 데이터를 생성합니다.

(4) 추적 결과 확인 및 편집
- 추적된 경로에 따라 자막, 스티커, 이미지 등을 객체에 고정하여 적용할 수 있습니다.

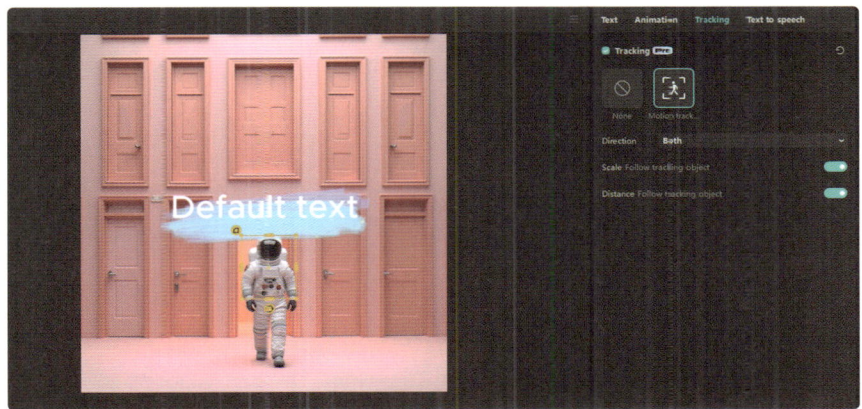

2) 활용 예시

- **운동 영상:** 공이나 선수의 움직임을 추적하여 포인트를 강조.
- **제품 리뷰:** 제품의 움직임을 따라 텍스트나 하이라이트 효과를 고정하여 강조.

3. CapCut의 AI Movement 기능

CapCut의 AI Movement는 자동 카메라 움직임 효과를 통해 영상에 생동감을 더하는 기능입니다. 이 기능을 사용하면 실제 카메라로 촬영한 듯한 움직임을 간편하게 추가할 수 있어 콘텐츠의 품질과 몰입도를 높일 수 있습니다.

1) 사용 방법

(1) AI Movement 활성화
- CapCut에서 영상을 불러온 후, 편집 화면에서 AI Movement 기능 선택.

(2) 효과 선택
- Dynamic, Zoom, Shake, Soft 중 원하는 움직임 효과를 선택.

(3) 미리 보기 및 조정
- 적용된 효과를 미리 보고, 필요에 따라 강도를 조정.

(4) 적용 및 저장
- 최종적으로 적용한 효과를 확인한 후 저장하여 편집 완료.

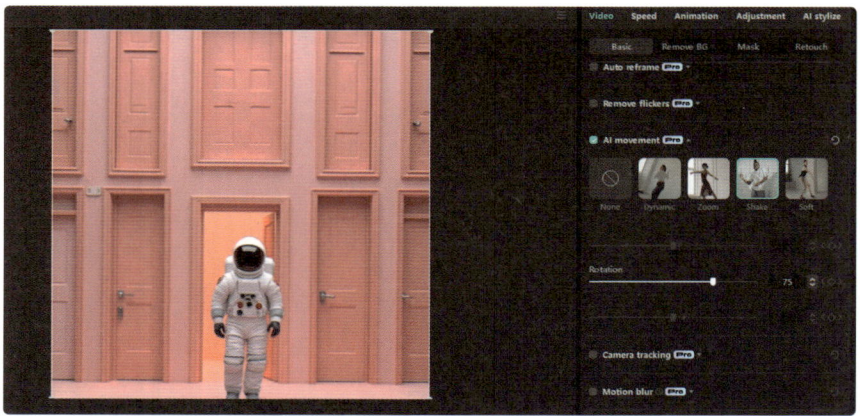

2) 활용 팁

(1) 영상의 목적에 따라 선택
- **Dynamic:** 액션 중심 콘텐츠나 에너지 넘치는 장면.
- **Soft:** 감성적이고 부드러운 분위기 연출.
- **Zoom:** 특정 부분 강조와 디테일 표현.
- **Shake:** 스릴 넘치거나 재미를 더하는 장면.

(2) 효과 혼합 사용
- 한 영상에서 여러 AI Movement 효과를 혼합하여 장면 전환과 스토리텔링 강화.

(3) 적당한 강도 설정
- 과도한 효과는 영상의 흐름을 방해할 수 있으므로 적절한 강도를 유지.

4. 배경 제거 (Background Removal)

CapCut은 AI를 활용해 영상 속 인물이나 객체의 배경을 자동으로 제거하는 기능을 제공합니다. 녹색 화면 없이도 배경을 투명하게 만들어 다양한 디자인과 연출이 가능합니다.

1) 사용 방법

(1) 클립 선택
- 배경을 제거할 클립을 타임라인에 추가합니다.

(2) 배경 제거 활성화
- 하단 메뉴에서 '배경 제거(Remove Background)' 옵션을 선택합니다.

(3) 자동 배경 제거 완료
- CapCut이 자동으로 객체와 배경을 분리하여 배경이 제거된 상태로 표시됩니다.

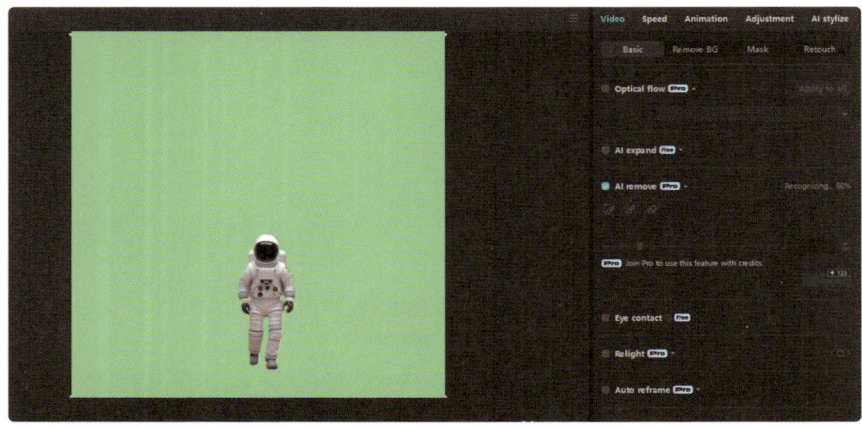

2) 활용 예시

- **프레젠테이션**: 인물 중심의 영상 제작 시 배경 제거 후 슬라이드와 합성.
- **SNS 콘텐츠**: 특별한 장비 없이도 녹색 화면 효과를 연출.

5. Motion Blur 기능

CapCut의 AI Motion Blur는 영상 속 움직임에 따라 자연스러운 블러 효과를 추가해, 속도감과 역동성을 표현하는 데 유용한 기능입니다. 이 기능은 카메라 장비 없이도 영화 같은 역동적인 장면 연출을 가능하게 합니다.

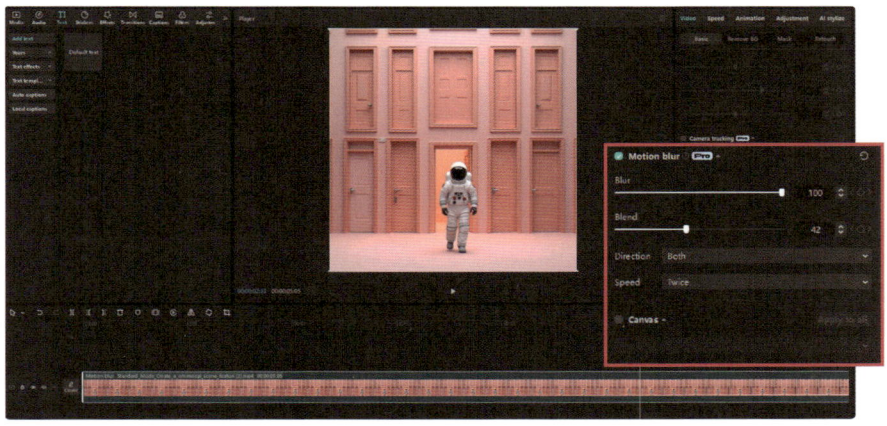

> **활용 예시**

- **스포츠 영상**: 축구, 달리기, 자전거 등 빠르게 움직이는 장면에서 역동성과 속도감 강조.
- **액션 장면**: 무기, 차량, 점프 등 격렬한 액션에 블러 효과로 긴박감을 더함.
- **댄스 영상**: 팔과 다리의 빠른 움직임에 블러를 적용해 세련되고 부드러운 느낌 연출.

> **6. CapCut 템플릿으로 제작하기**

CapCut의 템플릿 기능은 미리 준비된 디자인과 효과를 활용해 빠르게 고품질의 숏폼 콘텐츠를 제작할 수 있는 도구입니다.
템플릿은 초보자도 손쉽게 사용할 수 있도록 설계되어 있으며, 영상 편집 시간을 단축하고 전문적인 결과물을 얻을 수 있습니다.

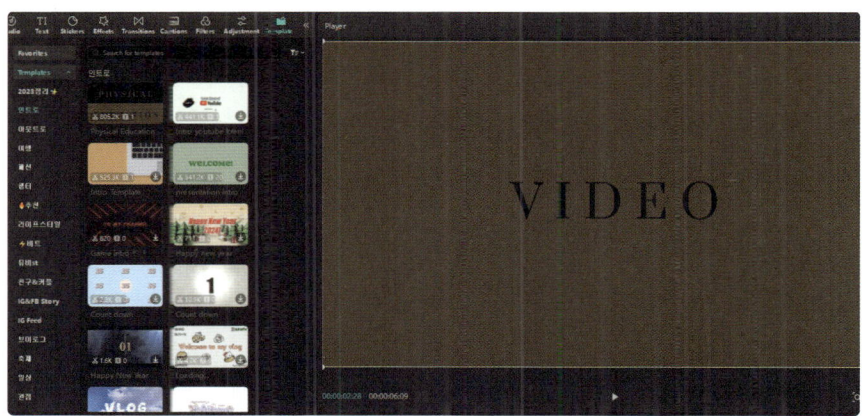

1) 템플릿 메뉴 활용법

(1) 템플릿 메뉴 접근

- CapCut을 실행한 후, 오른쪽 메뉴에서 **"템플릿"** 탭을 선택.
- 다양한 카테고리(트렌드, 인기, 테마별 템플릿)를 탐색 가능.

(2) 템플릿 선택 및 미리보기
- 원하는 템플릿을 선택하면 미리 보기를 통해 영상의 분위기를 확인.

(3) 사진 또는 영상 추가
- 템플릿에서 요구하는 대로 사진이나 클립을 업로드.

예 ▶ 5개의 이미지를 추가하거나, 특정 순서로 동영상을 배치.

(4) 수정 및 커스터마이징
- 텍스트, 음악, 색상 등을 사용자에 맞게 수정.
- 필요에 따라 효과를 추가하거나 삭제 가능.

2) 활용 예시

(1) 트렌드 챌린지 참여
- 틱톡, 인스타그램 릴스용 챌린지 영상 제작.

예 ▶ "댄스 챌린지", "트렌디한 밈 콘텐츠".

(2) 브랜드 홍보 콘텐츠
- 제품 사진을 추가하고, 템플릿의 자동 전환 효과를 활용해 전문적인 홍보 영상 제작.

(3) 개인 브이로그 숏폼

- 여행 사진과 영상을 추가해 감각적인 브이로그 클립 완성.

(4) 이벤트 초대장 영상

- 생일, 결혼식 초대장 템플릿으로 간단한 이벤트 영상 제작.

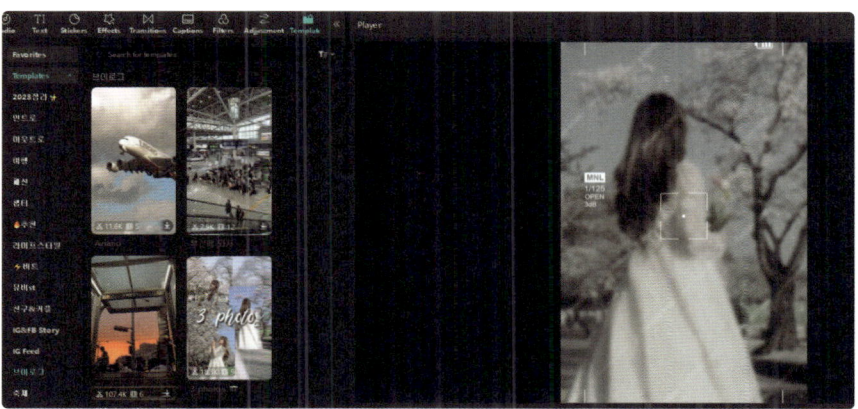

3) 팁

① 트렌드에 맞는 템플릿 사용

- 최신 트렌드에 맞는 템플릿을 사용하면 조회수 상승에 유리.

② 개성 추가

- 템플릿에서 제공된 기본 설정을 사용하되, 자신만의 스타일로 약간의 변화를 주어 독창성 강화.

③ 시청자와의 연결성 고려

- 타겟 시청자가 좋아할 만한 색상, 음악, 텍스트를 선택하여 템플릿 활용.

CapCut의 템플릿은 빠른 작업과 전문적인 결과물을 동시에 제공하여 숏폼 콘텐츠 제작의 효율성을 극대화할 수 있습니다. 템플릿 기능을 적극 활용해 간단하지만 매력적인 영상을 제작해 보세요! CapCut의 AI 기능은 초보자도 쉽게 활용할 수 있으며, 전문적인 편집 작업을 효율적으로 지원합니다. 이를 통해 창의적이고 매력적인 콘텐츠를 빠르게 제작할 수 있습니다.

▶09 영상 기본 지식

CapCut에서는 콘텐츠가 업로드될 플랫폼의 화면 비율과 프레임 사이즈, 프레임레이트를 설정하여 보다 최적화된 영상을 제작할 수 있습니다. 이 항목들은 영상의 품질과 최종적인 시청 경험에 중요한 요소로 작용하므로 각 요소에 대해 잘 이해하는 것이 필요합니다.

1. 화면 크기와 프레임 사이즈 (Aspect Ratio & Frame Size)

화면 크기와 프레임 사이즈는 영상의 가로와 세로 비율을 결정하며, 이를 통해 영상이 시청자에게 어떻게 보여질지 결정할 수 있습니다. CapCut에서는 다양한 화면 비율 옵션을 제공하여 여러 플랫폼에 맞춘 비율을 쉽게 선택할 수 있습니다.

1) 화면 크기 비율 (Aspect Ratio)

- **9:16 세로 비율:** 유튜브 쇼츠, 틱톡, 인스타그램 릴스 등에서 주로 사용되는 세로형 비율입니다. 스마트폰에서 전체 화면을 채우며, 모바일 시청자를 위한 최적화된 비율입니다.

- **16:9 가로 비율:** 유튜브 메인 콘텐츠나 다른 비디오 플랫폼에서 주로 사용하는 가로형 비율입니다. 영상 시청 환경이 데스크탑이나 태블릿일 경우 이 비율이 적합합니다.

- **1:1 정사각형 비율:** 인스타그램 피드에 최적화된 비율로, 가로와 세로가 같은 정사각형 형태입니다. 모바일에서도 안정감 있고 균형 있는 화면 구성이 가능합니다.

- **4:5 세로 비율:** 인스타그램 피드에 업로드 시 화면에 꽉 차게 보이는 비율로, 전체 세로 화면을 활용하면서도 안정감 있는 구도를 제공합니다.

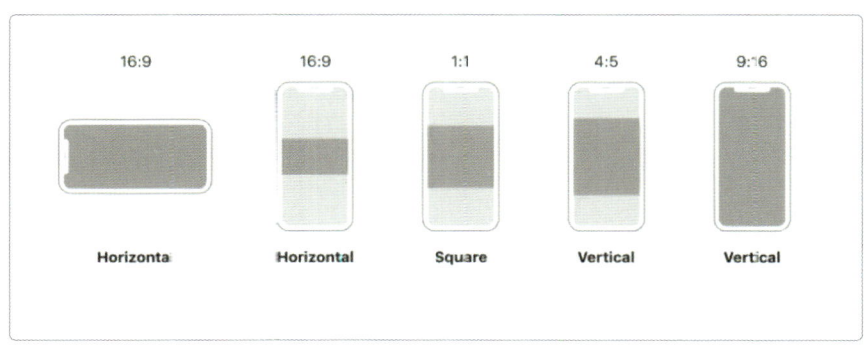

이미지 출처 〉 filmora.wondershare.com

2) 프레임 사이즈 (해상도)

- **720p (1280 x 720):** 일반적인 HD 해상도입니다. 영상 파일 용량이 크지 않아 스마트폰 데이터로도 쉽게 볼 수 있으며, SNS에서 흔히 사용됩니다.

- **1080p (1920 x 1080):** 풀 HD 해상도로, 선명한 영상 품질을 제공합니다. 유튜브, 인스타그램 등의 플랫폼에서 고화질 영상으로 사용되며, 대중적인 고해상도 옵션입니다.

- **4K (3840 x 2160):** 초고화질 해상도로, 화면이 큰 디바이스에서 시청할 때 세밀한 디테일까지 잘 표현됩니다. 고품질 영상을 원할 때 사용하지만, 파일 크기가 크므로 일반적인 숏폼 콘텐츠에서는 잘 사용하지 않습니다.

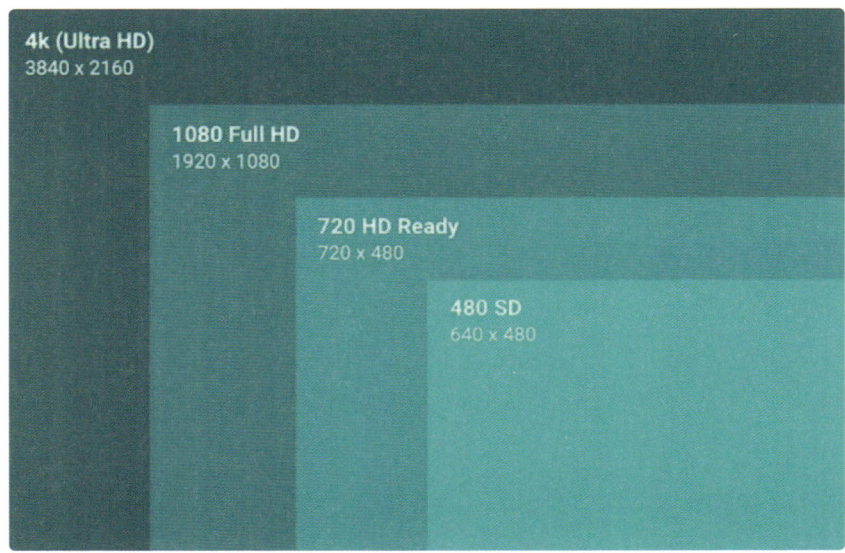

이미지 출처 〉 filmora.wondershare.com

3) 프레임레이트 (Frame Rate)

프레임레이트는 영상이 1초에 몇 개의 프레임(정지된 이미지)을 포함하는지를 의미하며, 영상의 매끄러움과 품질에 큰 영향을 줍니다. CapCut에서는 일반적으로 24fps, 30fps, 60fps의 프레임레이트 옵션을 제공합니다.
프레임레이트는 영상의 성격과 시청 경험을 고려해 설정하는 것이 좋습니다.

- **24fps:** 영화에서 주로 사용하는 프레임레이트로, 자연스러운 모션 블러를 제공하여 부드럽고 다큐멘터리 느낌의 영상을 만듭니다. 드라마틱한 장면에 적합하며 영화 같은 느낌을 줄 수 있습니다.

- **30fps:** 유튜브, 인스타그램 등에서 가장 흔히 사용되는 프레임레이트입니다. 부드러운 움직임과 자연스러운 시청 경험을 제공하며, 대다수의 숏폼 콘텐츠에 적합합니다. 모바일 환경에서 흔히 사용하는 프레임레이트로, 눈에 피로를 덜 주는 장점이 있습니다.

· **60fps:** 고속 촬영이 필요한 스포츠, 게임 영상 등에 주로 사용됩니다. 빠르게 움직이는 객체가 선명하게 보이며, 액션이 많은 영상에서 효과적입니다. 그러나 프레임 수가 많아 파일 용량이 커질 수 있으므로 모바일 데이터 사용량을 고려해야 합니다.

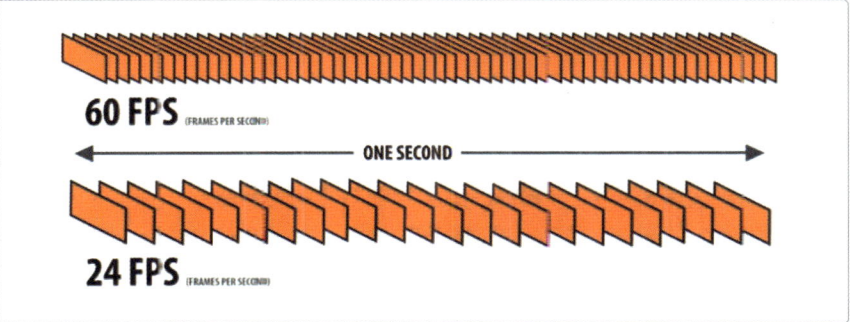

기미지 출처 〉 filmora.wondershare.com

4) 프레임레이트 설정 시 고려 사항

- **영상 주제:** 빠르게 움직이는 장면이 많거나 세밀한 디테일을 강조해야 하는 경우 60fps를 선택하면 좋습니다.
- **플랫폼 요구 사항:** 특정 플랫폼은 기본 프레임레이트를 권장하기도 하며, 예를 들어 틱톡과 인스타그램 릴스에서는 30fps가 흔히 사용됩니다.
- **파일 크기:** 프레임레이트가 높아질수록 영상 품질은 좋아지지만 파일 크기도 커지므로, 저장 공간과 업로드 시간을 고려하여 적절한 프레임레이트를 선택하는 것이 중요합니다.

CapCut의 화면 비율, 프레임 사이즈, 프레임레이트 설정은 콘텐츠가 최적의 품질로 시청자에게 전달되도록 조정할 수 있는 중요한 요소입니다. 편집 초기 단계에서 설정을 미리 맞추어두면, 작업 후반에 일어날 수 있는 해상도 및 비율 오류를 줄일 수 있으니 신중하게 선택하는 것이 좋습니다.

2. 프로그레시브(Progressive)와 인터레이스(Interlaced)

프로그레시브(Progressive)와 인터레이스(Interlaced) 방식은 영상이 화면에 나타나는 방식의 차이를 설명하는 용어입니다. 두 방식은 각각 영상이 디스플레이에 표시되는 방식과 품질, 시청 경험에 영향을 미치기 때문에 이해해두면 영상 편집과 제작 과정에서 선택에 도움이 됩니다.

이미지 출처 〉 www.szptcled.com

1) 프로그레시브 스캔(Progressive Scan)

프로그레시브 방식에서는 화면을 구성하는 모든 라인(가로선)이 순서대로 한 번에 표시됩니다.

예를 들어, 1080p해상도의 영상이라면 1080개의 가로선이 위에서 아래로 차례대로 순차적으로 표시됩니다. 프로그레시브 방식은 최신 영상 기기에서 주로 사용되며, 특히 고화질 영상을 위해 선호되는 방식입니다.

- **표시 방식:** 모든 가로선을 순서대로 한 번에 표시
- **화질:** 선명하고 깔끔한 화질을 제공하여 고화질 영상에 적합
- **주 사용 환경:** HD 방송, 유튜브와 같은 온라인 스트리밍, 스마트폰 및 컴퓨터 모니터

> **장점**
> - 빠르게 움직이는 영상에서도 깨끗한 화면을 유지
> - 깜빡임이나 줄무늬 현상이 없어 자연스러운 시청 경험을 제공
> - 편집 및 재생이 간편하여 현대 디지털 환경에 적합

> **단점**
> - 대역폭이 필요하며, 파일 크기가 커질 수 있음

프로그레시브 방식은 일반적으로 `1080p`와 같은 해상도로 표기되며, 여기서 'p'는 Progressive를 의미합니다.

2) 인터레이스 스캔(Interlaced Scan)

인터레이스 방식에서는 전체 화면을 한 번에 표시하지 않고, 짝수 라인과 홀수 라인으로 나누어 번갈아 표시합니다.

예를 들어, 1030i 해상도의 영상에서는 1080개의 가로선 중 홀수 라인을 먼저 표시한 뒤, 그다음에 짝수 라인을 표시하여 한 프레임을 완성합니다.
이 방식은 초기 TV 방송에서 대역폭 절약을 위해 사용되었고, 지금도 일부 방송 환경에서 사용됩니다.

> · **표시 방식:** 짝수 라인과 홀수 라인을 번갈아 빠르게 표시, 전체 화면 구성
> · **화질:** 정적인 장면에서는 비교적 선명하지만, 빠르게 움직이는 장면에서 줄무늬 현상이 발생할 수 있음
> · **주 사용 환경:** 초기 TV 방송, DVD, 일부 케이블 방송

장점

- 대역폭이 적게 필요하여 방송 송출 시 효과적
- 빠른 장면 전환이 적은 환경에서 경제적이며 안정적

단점

- 빠르게 움직이는 장면에서 줄무늬가 나타나거나 잔상이 발생해 화질 저하
- 모니터 및 스마트폰 등 현대 디지털 디스플레이에서 부적합

인터레이스 방식은 일반적으로 `1080i`와 같이 표기되며, 여기서 'i'는 **Interlaced**를 의미합니다.

3) 프로그레시브 vs 인터레이스: 비교 요약

구 분	'p' 프로그레시브(Progressive)	'i' 인터레이스(Interlaced)
표시 방식	모든 라인을 순서대로 한 번에 표시	짝수/홀수 라인을 번갈아 표시
화 질	선명하고 깔끔함	정적 장면에서 선명하나 빠른 움직임에서 줄무늬 발생
적합 환경	온라인 스트리밍, HD 영상, 디지털 디스플레이	TV 방송, DVD, 대역폭 제한
장 점	자연스러운 시청 경험, 깔끔한 화질	대역폭 절약, 방송 송출에 효율적
단 점	상대적으로 대역폭 소모 많음	움직임이 빠른 장면에서 화질 저하 발생

4) 영상 제작 시 프로그레시브 vs 인터레이스 선택

오늘날 대부분의 영상 콘텐츠는 프로그레시브 방식으로 제작됩니다. 스마트폰, 컴퓨터 모니터, 디지털 TV, 온라인 플랫폼 등에서는 주로 프로그레시브 스캔 방식을 지원하며, 특히 고화질 영상에서 더 자연스러운 시청 경험을 제공합니다.

인터레이스 방식은 기존의 방송 장비나 DVD와 같은 구형 매체에 적합하므로, 특별한 경우가 아니라면 프로그레시브 방식을 선택하는 것이 좋습니다.

> 영상 편집 시 프레임 설정에서 **'p'(프로그레시브)** 또는 **'i'(인터레이스)** 표기를 확인하고 영상의 최종 시청 환경에 맞게 선택하는 것이 중요합니다.

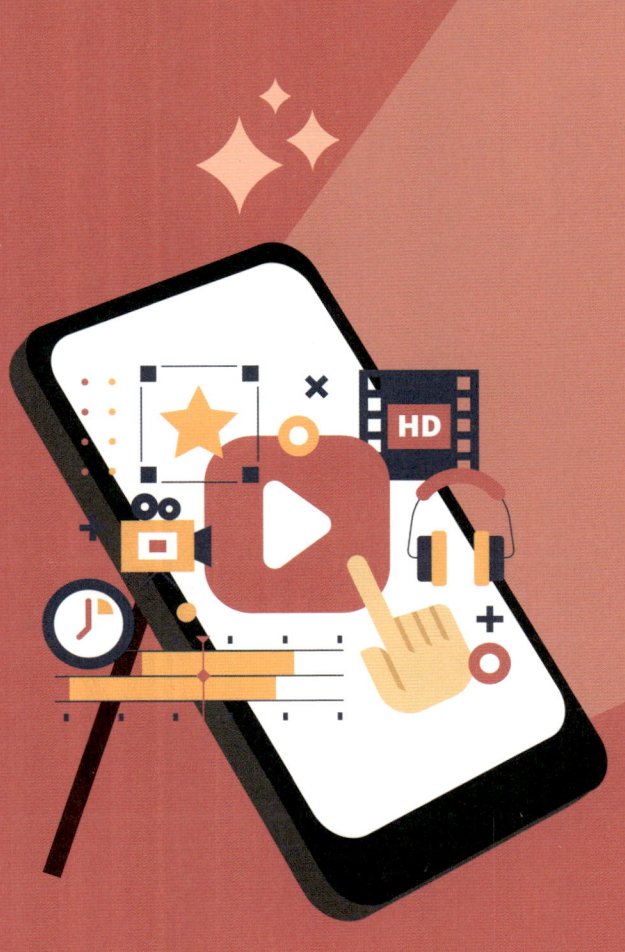

Vrew로 쉽고 빠르게 자막 작업하기

01 ___ 영상 편집 도구 브루(Vrew) 소개

02 ___ Vrew로 기본 편집 익히기

03 ___ Vrew 텍스트로 비디오 만들기

04 ___ Vrew 템플릿을 활용한 쇼츠 제작 가이드

학습 목표

1. Vrew의 설치 방법과 주요 인터페이스를 이해한다.
2. Vrew를 사용해 자막을 자동 생성하고 편집하는 방법을 익힌다.
3. 텍스트 기반 영상 제작 도구로 효율적인 콘텐츠 제작 방법을 학습한다.
4. Vrew의 템플릿 기능을 활용해 쇼츠 콘텐츠 제작 시간을 절감한다.

01 영상 편집 도구 브루(Vrew) 소개

1. 브루의 주요 기능

- **무료 제공:** 브루는 대부분의 기능을 무료로 제공하며, 워터마크 제거도 무료로 가능합니다.

- **사용자 친화성:** 스마트폰 촬영 영상을 컴퓨터로 쉽게 전송할 수 있는 기능을 제공해 초보자도 쉽게 사용할 수 있습니다.

- **AI 자막 및 번역:** 음성을 분석해 자막을 자동으로 생성하고, 외국어 번역도 클릭 한 번으로 가능합니다.

- **한국어 최적화:** 한국어를 정확히 인식하며, 자막 생성과 번역에 있어 탁월한 결과를 제공합니다.

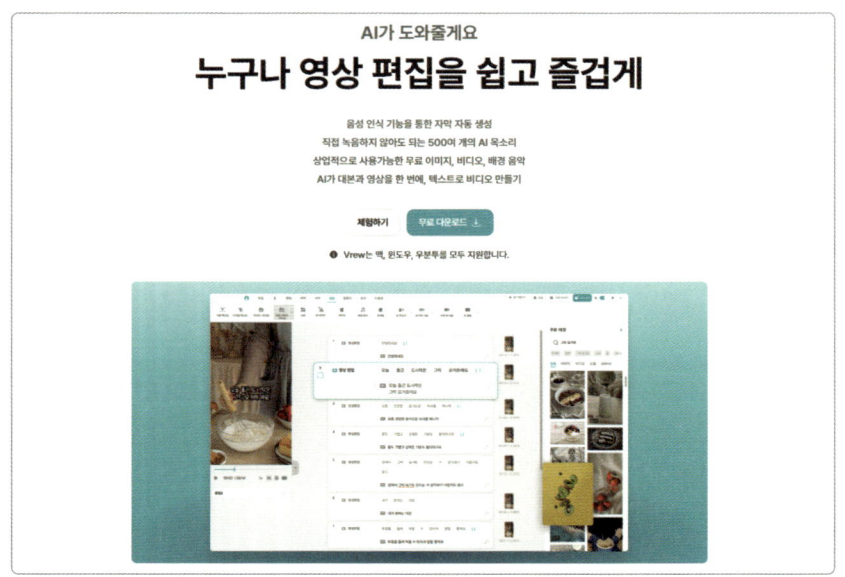

2. 브루의 특징

- **편리한 인터페이스:** 대부분의 작업은 1~2단계로 간단히 진행할 수 있습니다.
- **효율적인 편집 과정:** 자막 오타 수정, 클립 나누기, 컷 편집 등을 빠르게 처리할 수 있습니다.
- **AI 내레이션:** 대본만 입력하면 AI 목소리가 자동으로 생성되어 내레이션 작업이 간소화됩니다.

Vrew 설치 방법

Vrew는 Windows와 macOS를 모두 지원하며, 설치 과정은 간단합니다.
아래는 Vrew 설치 방법에 대한 안내입니다.

1. Vrew 웹사이트 접속
- 웹 브라우저에서 [Vrew 공식 웹사이트] (https://vrew.ai/ko) 에 접속합니다.
- Vrew는 무료로 제공되며, 기본 기능 사용을 위해 로그인이나 회원가입이 필요하지 않습니다.

2. 다운로드 및 설치
- 웹사이트 메인 화면에서 다운로드(Download) 버튼을 클릭합니다.
- 다운로드된 파일을 실행하고, 화면의 안내에 따라 설치 과정을 진행합니다.

3. 프로그램 실행 및 설정
- 설치가 완료되면 Vrew를 실행합니다.
- 처음 실행 시 언어 설정과 기본 환경 설정을 완료합니다.
- 이후 프로젝트를 생성하고, 자막 작업을 시작할 준비가 완료됩니다.

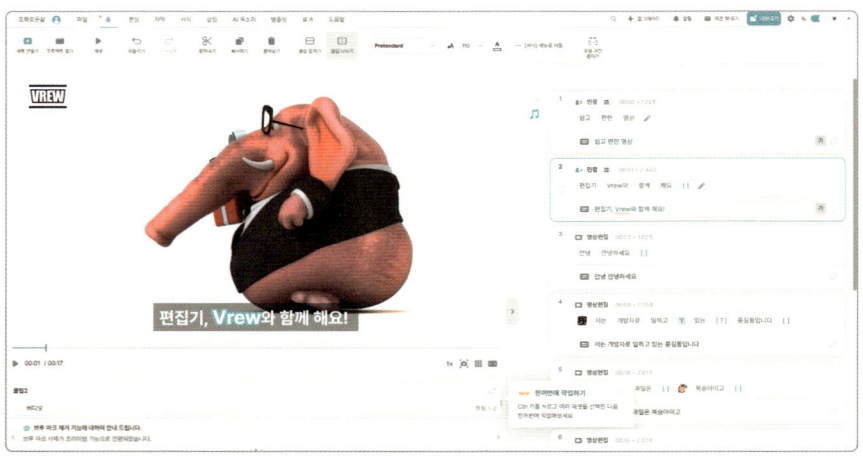

Vrew 설치 후 초기 설정

Vrew를 처음 설치한 후에는 몇 가지 초기 설정을 통해 작업 환경을 자신에게 맞게 조정할 수 있습니다.

- **언어 설정:** Vrew는 다양한 언어를 지원하므로 자막 생성 시 사용할 언어를 미리 설정합니다. 한국어, 영어 등 주요 언어뿐만 아니라 다양한 언어가 지원되므로 필요한 언어에 맞춰 설정합니다.

- **프로젝트 폴더 설정:** 편집 작업 중 생성되는 파일과 결과물을 저장할 폴더 위치를 지정할 수 있습니다.

- **자동 저장 및 백업 설정:** 작업 중인 파일이 자동 저장되도록 설정하여 예기치 않은 오류나 작업 중단 시 데이터 손실을 방지할 수 있습니다.

이제 Vrew가 설치되고 초기 설정이 완료되었습니다. 다음 단계에서는 자동 자막 생성과 편집 방법을 다루어 Vrew의 주요 기능을 활용해 보겠습니다.

▶▶ 02 Vrew로 기본 편집 익히기

1. 프로젝트 시작과 영상 불러오기

1) 새 프로젝트 생성
- 프로그램 상단 메뉴에서 '새 프로젝트(New Project)'를 클릭합니다.
- 편집할 영상을 컴퓨터에서 가져오거나, 스마트폰과 QR 코드를 이용해 전송할 수 있습니다.

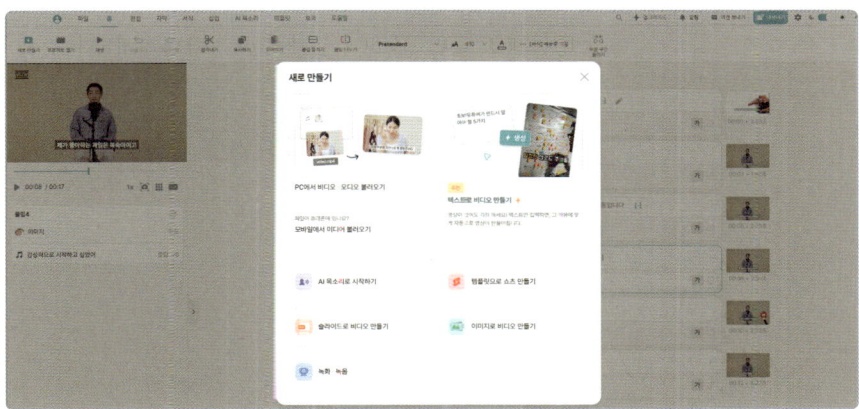

2) QR 코드로 영상 전송
- 스마트폰에서 촬영한 영상을 컴퓨터로 전송하려면 QR 코드를 스캔합니다.
- 스마트폰 브라우저에서 URL을 열고, 영상 파일을 선택하면 자동으로 PC로 전송됩니다.

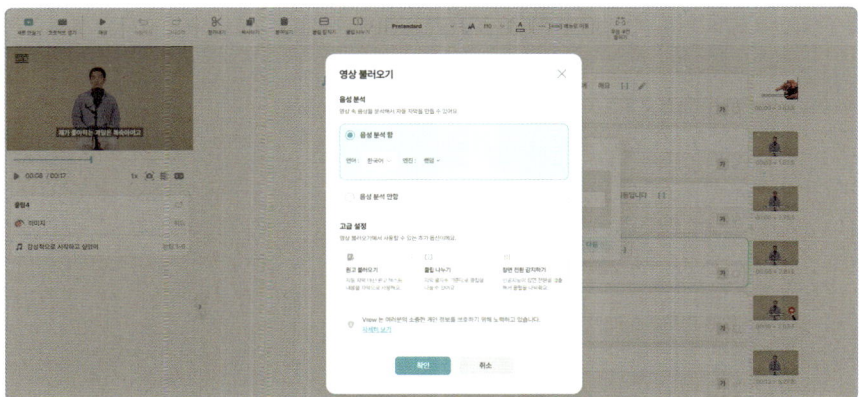

3) AI 음성 분석

- 영상이 업로드되면 Vrew가 음성을 분석하고 자막을 생성합니다.
- 언어를 설정한 후, 자막이 생성될 때까지 잠시 기다립니다.

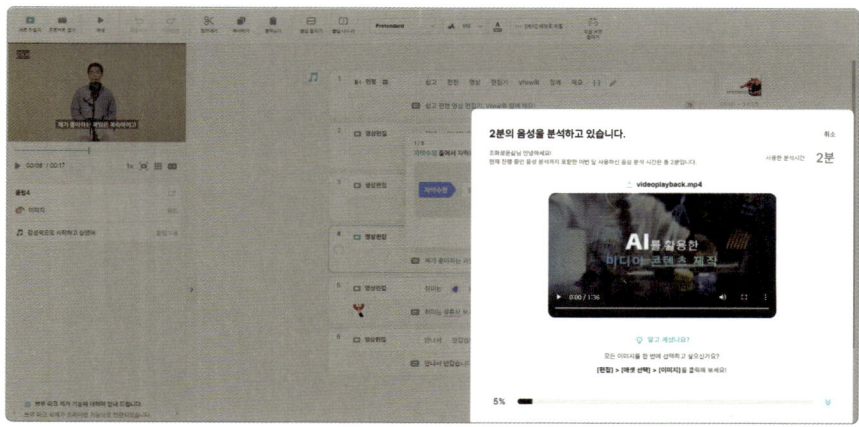

2. 자막 생성 및 편집

1) 자동 자막 생성

- Vrew의 AI가 영상 음성을 분석하여 초벌 자막을 생성합니다.
- 타임라인에 자동으로 자막이 배치되며, 클립 단위로 구분됩니다.

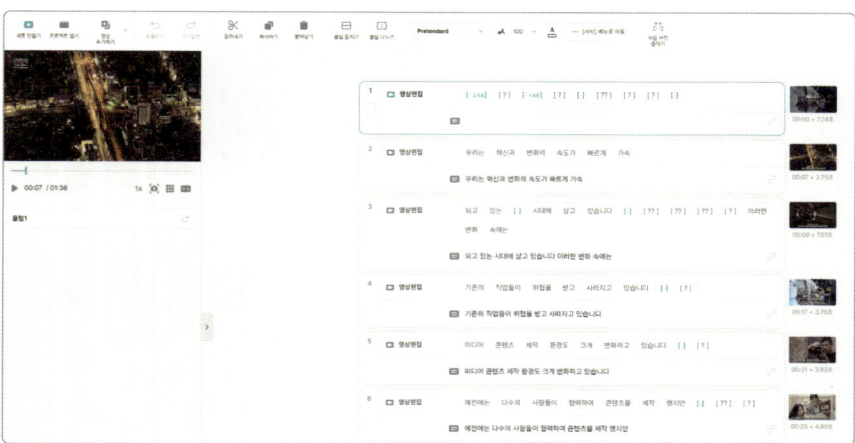

2) 자막 수정

- 타임라인에서 자막 텍스트를 선택하면 직접 내용을 수정할 수 있습니다.
- 오타나 잘못된 단어를 클릭하여 수정하거나, **'찾기 및 바꾸기'** 기능을 이용해 반복적으로 잘못된 단어를 한 번에 수정할 수 있습니다.

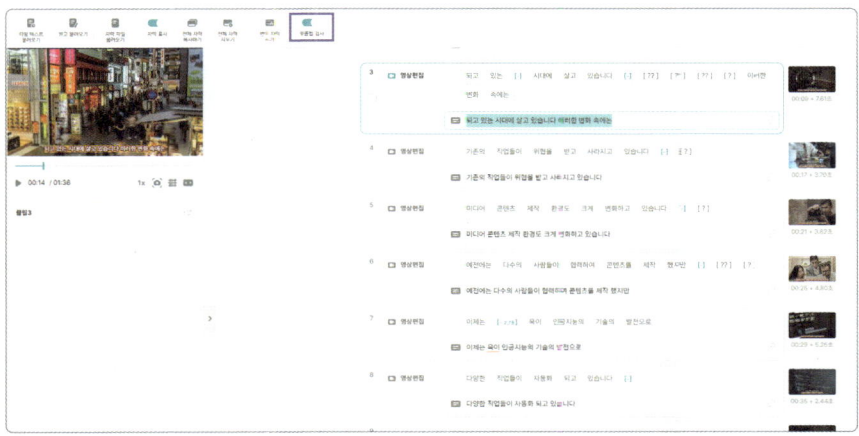

3) 자막 스타일 설정

- 메뉴에서 **'서식(Style)'**을 클릭해 자막의 글꼴, 색상, 크기, 배경을 변경합니다.
- 특정 클립에단 독립적인 스타일을 적용하거나, 전체 자막에 기본 서식을 설정할 수 있습니다.

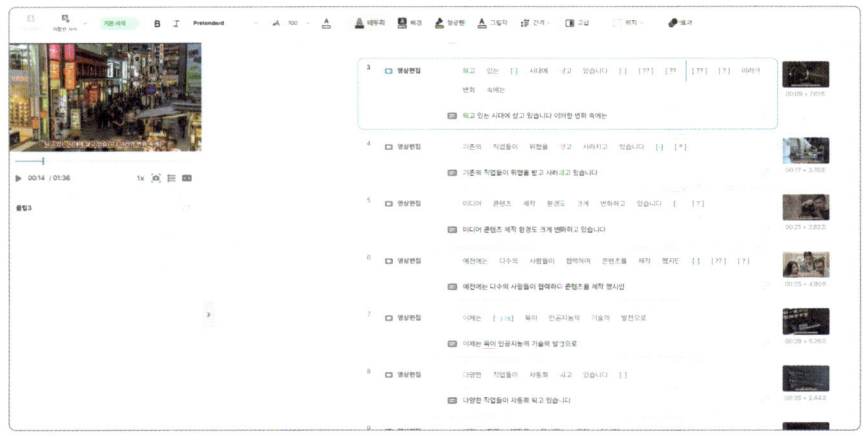

4) 자막 구간 조정

- 자막의 시작과 끝을 타임라인에서 드래그하여 정확히 맞출 수 있습니다.
- 특정 자막이 너무 길면 **'엔터**(Enter)**'** 키로 구간을 나누어 가독성을 높입니다.

3. 컷 편집과 클립 관리

1) 컷 편집

- 타임라인에서 클립을 선택한 후, 필요 없는 구간을 삭제하려면 **'딜리트**(Delete)**'** 키를 누릅니다.
- 클립을 나누려면 원하는 위치에서 **'엔터**(Enter)**'** 키를 사용합니다.

2) NG 컷 제거

- 잘못된 구간이나 NG 장면은 클립을 선택한 뒤 삭제하거나 숨길 수 있습니다.
- AI가 자동으로 무음 구간을 탐지해 짧은 길이로 줄여주는 **'무음 구간 줄이기'** 기능을 활용하면 작업 시간이 단축됩니다.

3) 클립 합치기

- 두 개 이상의 클립을 하나로 합치려면, 클립들을 선택한 후 '**합치기**(Merge)' 버튼을 클릭합니다.

4. 이미지 및 동영상 삽입

1) 이미지 삽입

- 특정 클립에서 마우스 오른쪽 버튼을 클릭한 후, '이미지 삽입'을 선택합니다.
- 컴퓨터에서 이미지를 불러와 크기와 위치를 조정합니다.

2) 동영상 삽입

- 비슷한 방식으로 '**비디오 삽입**'을 선택하여 다른 영상을 추가합니다.
- 삽입된 동영상은 타임라인에서 이동 및 편집할 수 있습니다.

5. 외국어 번역

1) 자막 번역

- 생성된 자막을 다양한 언어로 번역하려면 **'번역'** 메뉴를 클릭합니다.
- 클릭 한 번으로 번역된 자막이 추가됩니다.

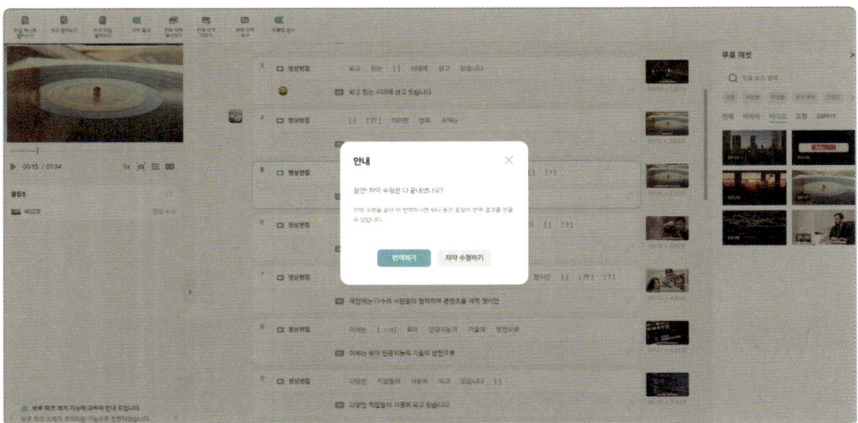

2) 번역 결과 편집

- 번역된 자막이 완벽하지 않을 수 있으므로, 타임라인에서 번역 결과를 검토하고 수정합니다.

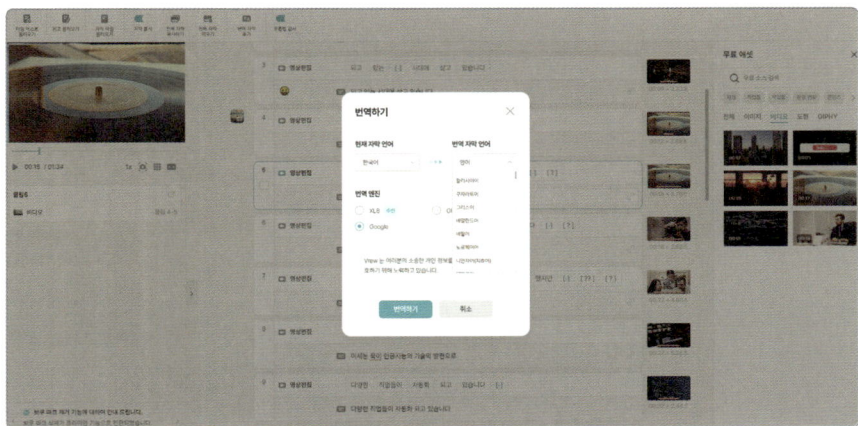

3) 다중 언어 자막 파일 저장

- 번역된 자막은 SRT, VTT 형식으로 저장 가능하며, 글로벌 콘텐츠 제작에 활용할 수 있습니다.

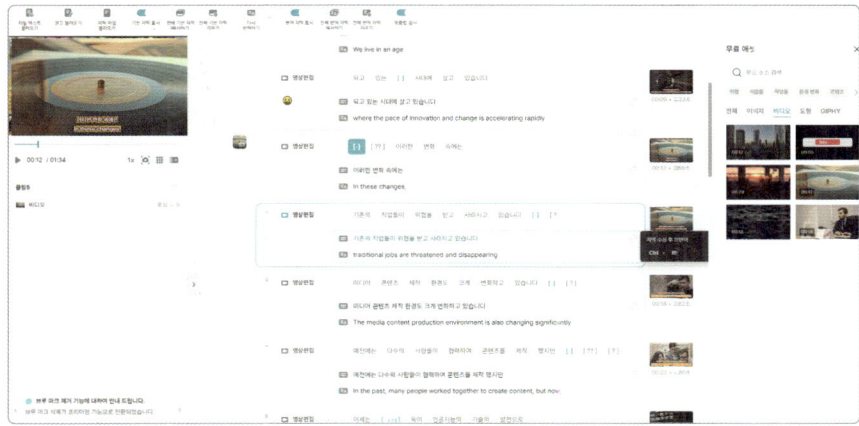

6. AI 내레이션 추가

1) AI 음성 추가

- 원하는 클립에서 **'AI 내레이션 추가'**를 선택한 후 대본을 입력합니다.
- 다양한 AI 목소리를 선택할 수 있으며, 미리 듣기를 통해 최적의 음성을 고를 수 있습니다.

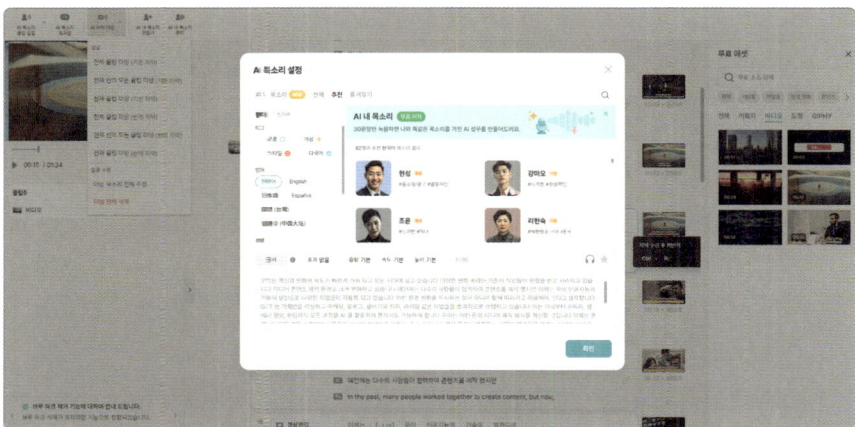

2) 데이터 학습을 통한 내 목소리 AI도 무료로 추가할 수 있습니다.

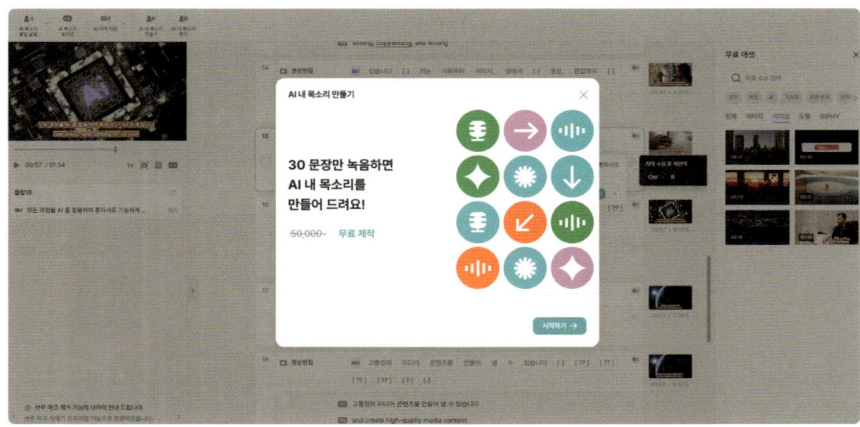

7. 배경음악 추가

1) 음악 삽입

- 메뉴에서 **'배경음악 삽입'**을 선택하여 무료 제공 음악을 추가하거나, 사용자 파일을 업로드합니다.

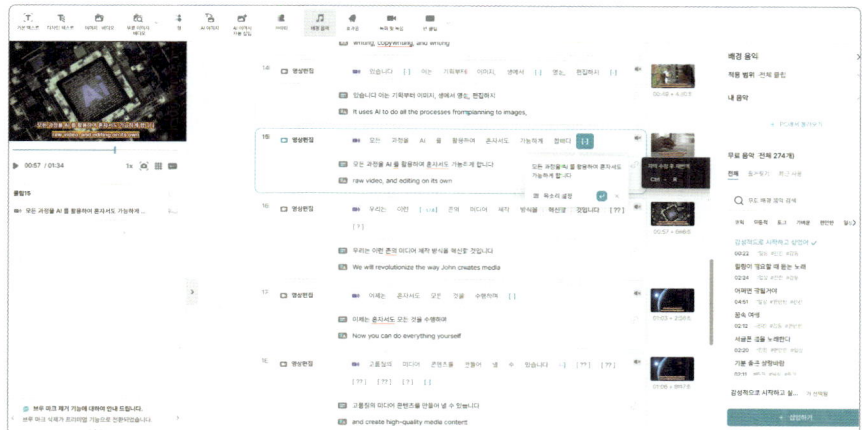

2) 음량 조정

- 배경음악이 대사를 방해하지 않도록 타임라인에서 음량을 조절합니다.

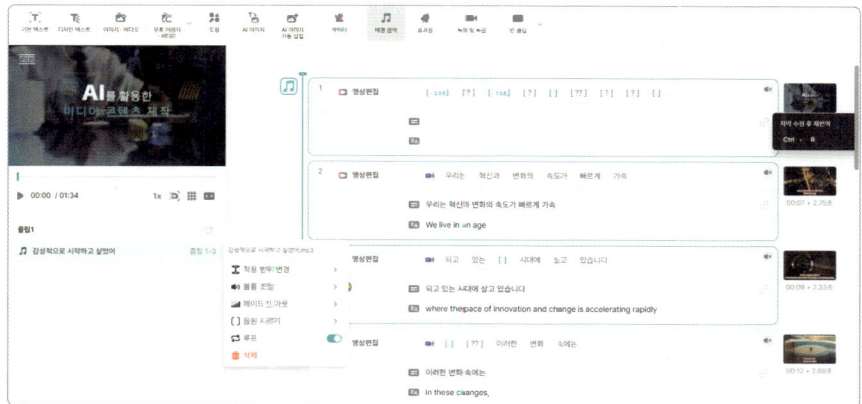

8. 최종 영상 내보내기

1) 내보내기 설정

- 편집이 완료되면 '**내보내기(Export)**' 버튼을 클릭합니다.
- 파일 형식, 해상도, 저장 위치를 선택합니다.

2) 영상 출력 및 확인

- 영상 출력이 완료되면 저장 폴더에서 최종 결과물을 확인합니다.

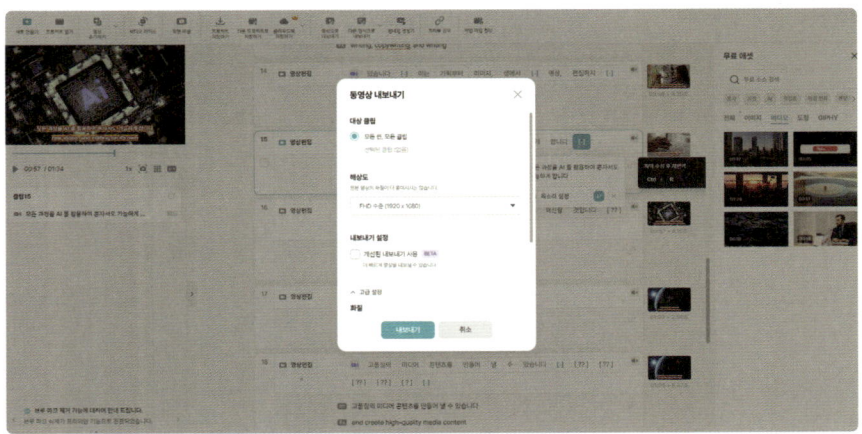

Vrew 편집의 장점

- **AI 기반 자동화:** 자막 생성, 번역, 컷 편집 등 반복 작업을 AI가 수행해 작업 시간을 대폭 단축.

- **초보자 친화적:** 간단한 인터페이스와 직관적인 조작으로 누구나 쉽게 편집 가능.

- **다양한 기능 제공:** 자막, 내레이션, 이미지, 비디오 삽입 등 기본 편집 이상의 고급 작업 가능.

- **글로벌 콘텐츠 제작 지원:** 다중 언어 번역과 자막 파일 출력으로 국제적 콘텐츠 제작에 최적화.

Vrew를 활용하면 AI 기술로 영상 편집의 부담을 덜고, 창의적이고 매력적인 콘텐츠를 쉽고 빠르게 제작할 수 있습니다.

Vrew 텍스트로 비디오 만들기

Vrew의 AI 기능 중인 〈텍스트로 비디오 만들기〉을 활용해서, 간편하고 쉽게 영상을 빠르게 제작할 수 있습니다.

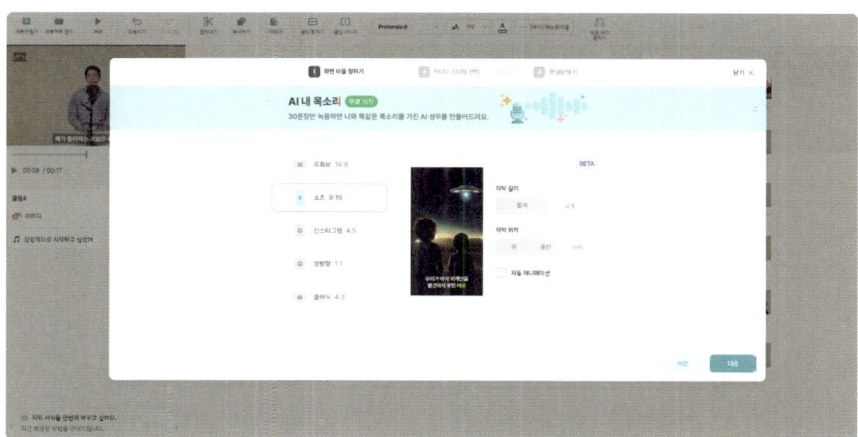

1. 대본 작성 및 수정

1) 주제 입력
- **"플라스틱 줄이는 방법"** 처럼 원하는 주제를 입력하면 AI가 관련 내용을 기반으로 대본을 생성합니다.

2) 대본 수정
- AI가 생성한 대본은 필요에 따라 수정할 수 있습니다.
- 마침표, 띄어쓰기 등을 정리하고, 강조할 내용을 추가로 작성할 수 있습니다.

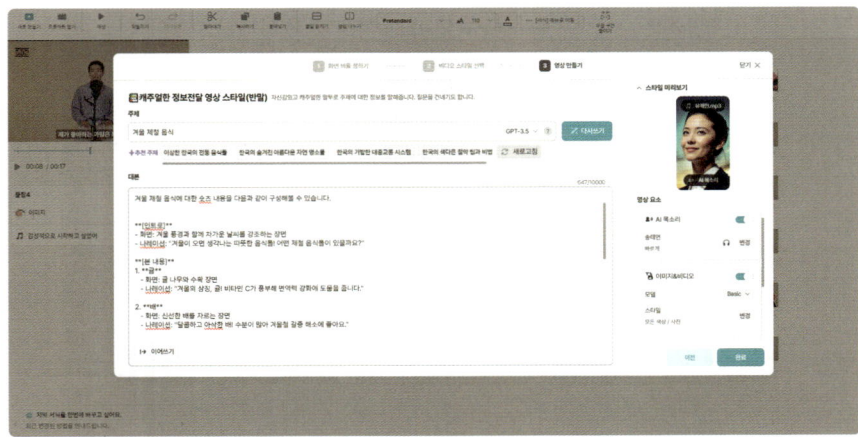

3) 완료 후 저장
- 대본이 완성되면 '완료(Complete)' 버튼을 눌러 저장하고 다음 단계로 넘어갑니다.

2. AI를 활용한 영상 제작 및 편집

1) 영상 자동 생성

① AI 편집 기능
- AI는 대본에 맞는 영상 클립, 이미지, 음성을 자동으로 편집하여 결과물을 생성합니다.
- 사용자 지정 스타일(사진, 일러스트 등)을 선택할 수 있습니다.

② 자동 자막 생성
- 대본을 기반으로 자막이 자동으로 추가됩니다.

2) 자막 및 음성 수정

① 자막 조정
- 생성된 자막은 사용자가 직접 줄 간격, 크기, 위치를 수정할 수 있습니다.
- 오타가 있는 경우, 텍스트를 클릭하여 수정합니다.

② AI 음성 선택
- 남성 또는 여성 음성을 선택할 수 있으며, 목소리 톤, 속도 등을 조정할 수 있습니다.

3) 이미지 및 클립 추가

① 이미지 삽입
- 특정 구간에 이미지를 추가하려면 해당 클립에서 '이미지 삽입' 옵션을 선택합니다.
- 컴퓨터에서 이미지를 불러오거나, 대본 주제에 맞는 AI 추천 이미지를 사용합니다.

② 클립 관리
- 필요 없는 클립은 삭제하거나, 원하는 클립을 추가하여 영상 구성을 수정합니다.

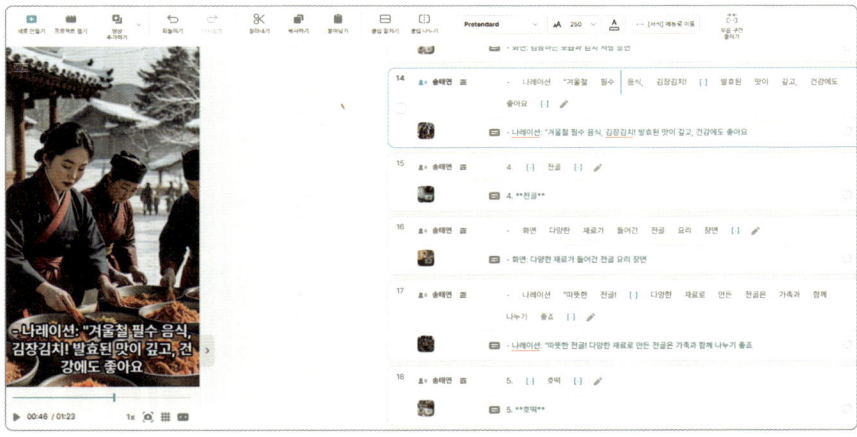

▶ 04 Vrew 템플릿을 활용한 쇼츠 제작 가이드

Vrew는 쇼츠(Shorts) 형식의 짧은 영상을 쉽게 제작할 수 있도록 템플릿 기능을 제공합니다. 이 템플릿은 영상의 화면 비율, 자막 스타일, 레이아웃 등을 미리 설정하여 빠르게 작업할 수 있도록 돕습니다. 아래는 Vrew 템플릿을 활용해 쇼츠 영상을 제작하는 방법을 단계별로 정리한 가이드입니다.

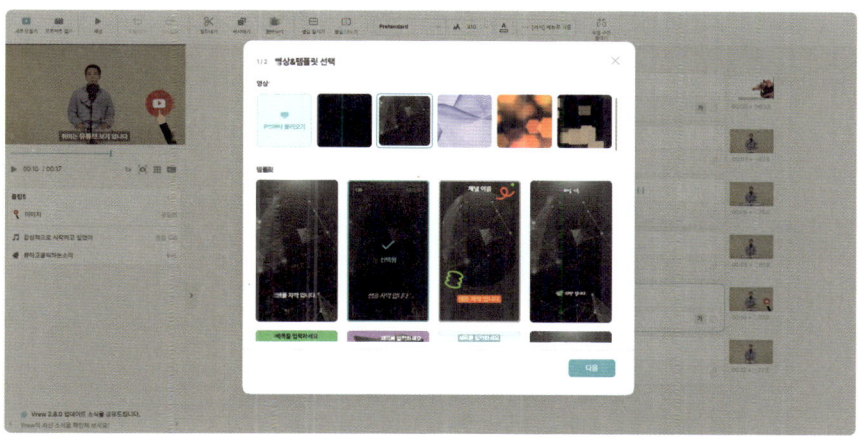

1. Vrew에서 템플릿으로 쇼츠 제작 시작하기

1) 쇼츠 프로젝트 생성

① Vrew를 실행한 후, '새 프로젝트(New Project)'를 클릭.
② 영상 파일 가져오기 또는 텍스트로 비디오 만들기 중 선택하여 작업 시작.

2) 화면 비율 설정

① 상단 메뉴에서 '화면 설정' 또는 '비율 설정'을 선택.
② 쇼츠에 맞는 9:16 화면 비율(세로 화면)로 설정.
③ 변경된 비율에 맞게 영상과 자막이 자동으로 조정.

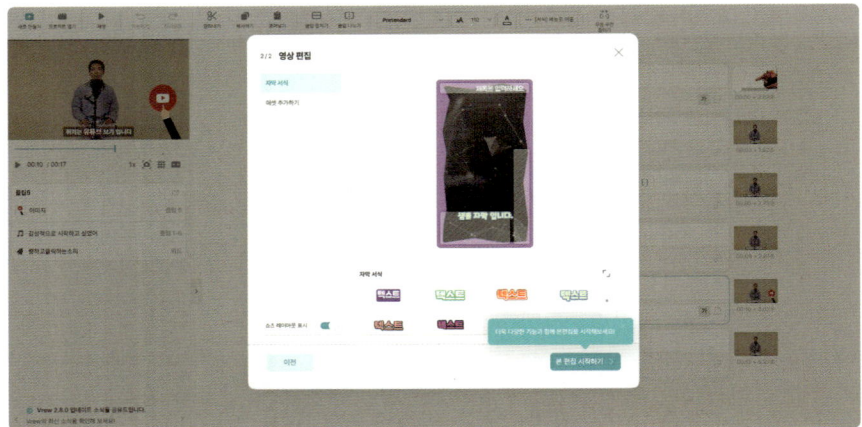

2. 템플릿 선택 및 활용

1) 템플릿 선택

① '템플릿 선택(Template)' 메뉴에서 다양한 쇼츠 템플릿을 확인할 수 있습니다.
<추천 템플릿> 감성 자막, 생동감 있는 애니메이션, 미니멀 스타일 등
② 원하는 템플릿을 클릭하면 미리보기 화면에서 적용 결과를 확인할 수 있습니다.

2) 템플릿 구성 요소

· **자막 스타일**: 폰트, 색상, 크기, 위치 등이 템플릿에 따라 자동으로 설정.
· **배경 색상/이미지**: 쇼츠에 어울리는 배경이 포함된 템플릿도 선택 가능.
· **애니메이션 효과**: 템플릿에는 자막이 나타나고 사라지는 동작 효과 포함.

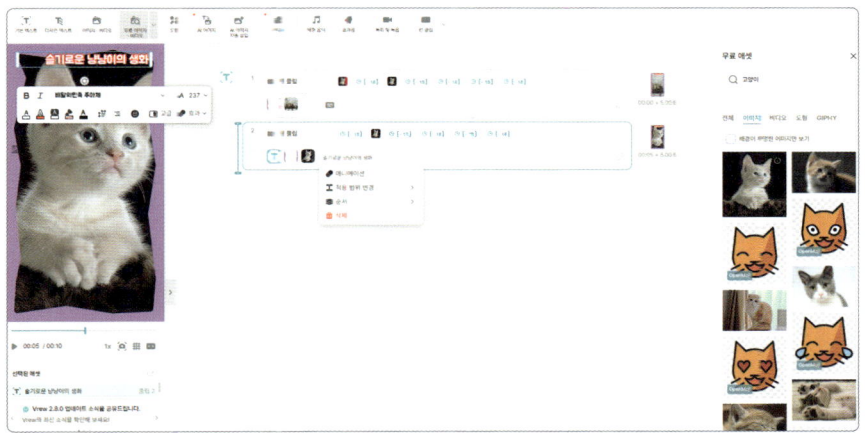

Vrew의 템플릿 기능은 쇼츠 제작에 필요한 대부분의 요소를 자동화하고 최적화하여, 사용자들이 더 창의적인 작업에 집중할 수 있도록 돕습니다. 간편하면서도 트렌디한 쇼츠 콘텐츠를 제작하고 싶다면, 템플릿을 적극 활용해 보세요!

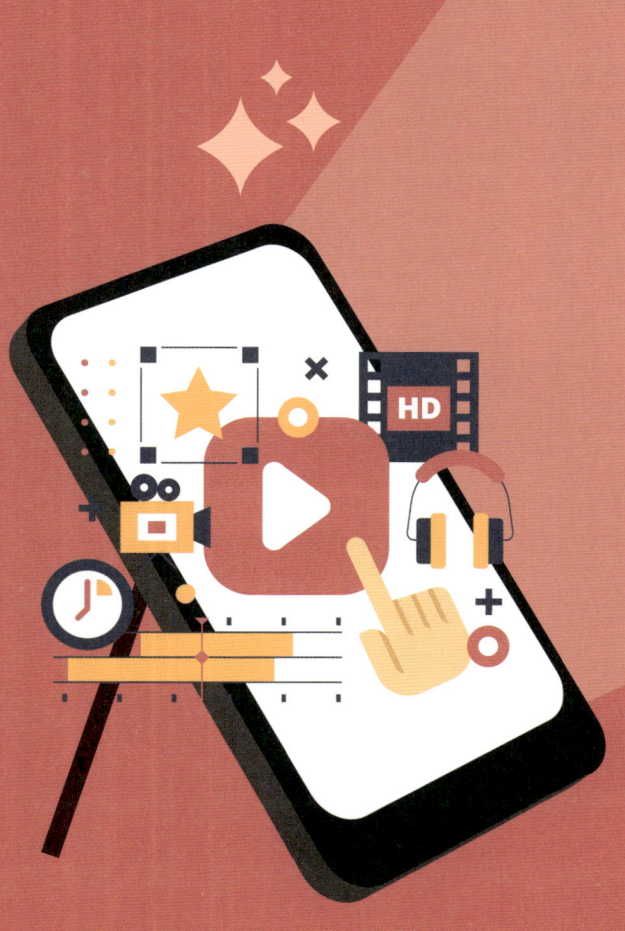

5장

디자인 도구를 활용한 숏폼 콘텐츠 제작

01 ___ 망고보드로 인스타그램용 이미지 제작하기

02 ___ 미리캔버스를 활용한 유튜브 채널 아트와 배너 제작하기

03 ___ Tyle.io를 활용한 카드 뉴스형 숏폼 제작

04 ___ Playground를 활용한 로고 디자인

학습 목표

1. 망고보드를 활용해 소셜 미디어와 마케팅용 콘텐츠를 제작한다.
2. 미리캔버스를 사용하여 유튜브 채널 아트와 배너를 디자인한다.
3. Tyle.io로 카드 뉴스형 숏폼 콘텐츠를 제작하는 방법을 익힌다.
4. Playground로 로고와 맞춤형 디자인 요소를 제작하는 방법을 학습한다.

01 망고보드로 인스타그램용 이미지 제작하기

망고보드는 사용하기 쉬운 디자인 도구로, 비전문가도 빠르고 간단하게 전문적인 인스타그램 이미지를 제작할 수 있습니다. 특히 다양한 템플릿과 직관적인 인터페이스를 제공해 효율적인 콘텐츠 제작이 가능합니다.

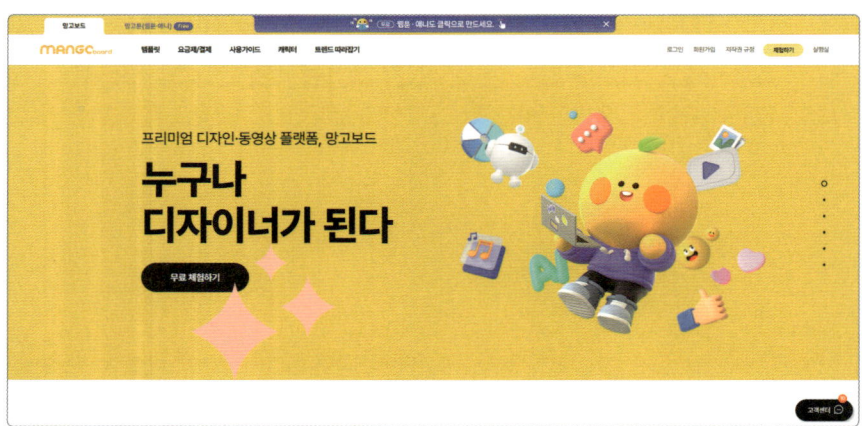

1. 망고보드의 주요 특징과 장점

1) 풍부한 템플릿 제공
- 인스타그램 피드와 스토리용 디자인에 최적화된 템플릿 다수 제공.
- 텍스트, 이미지, 그래픽 요소가 미리 구성되어 있어 빠른 작업 가능.

2) 직관적인 인터페이스
- 드래그 앤 드롭 방식으로 초보자도 쉽게 사용할 수 있음.

3) 무료 및 유료 리소스 활용
- 무료로 이용 가능한 요소가 많으며, 필요에 따라 고급 리소스를 구매 가능.

4) 소셜미디어 최적화 기능
- 각 플랫폼에 맞는 비율, 크기 설정이 가능해 별도의 조정 필요 없음.

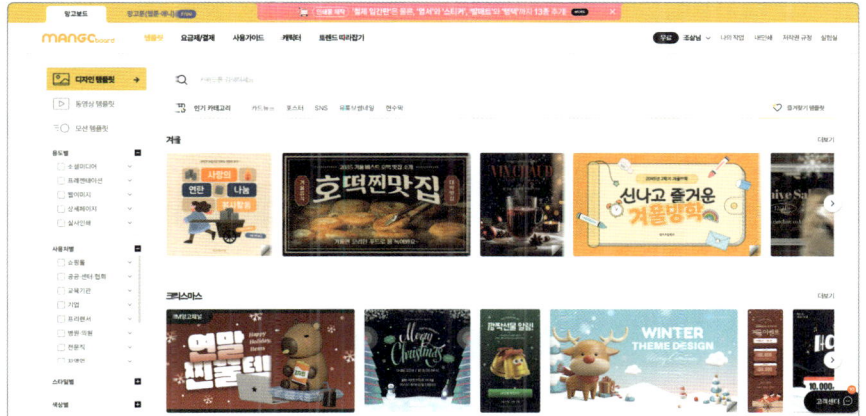

2. 인스타그램용 이미지 만들기: 단계별 가이드

1) 망고보드 접속 및 로그인

1. 망고보드 웹사이트에 접속합니다.
* **망고보드 공식 홈페이지** (https://www.mangoboard.net)
2. 계정을 생성하거나, 기존 계정으로 로그인합니다.

2) 프로젝트 시작

1. 상단 메뉴에서 "템플릿"을 선택합니다.
2. "소셜 미디어 〉 인스타그램" 카테고리를 클릭합니다.
3. 원하는 템플릿(피드용 1:1 또는 스토리용 9:16)을 선택합니다.

3) 템플릿 커스터마이징

(1) 텍스트 수정

- 텍스트를 클릭하여 직접 수정합니다.

  예 ▶ "오늘의 꿀팁!" → "여름 필수 뷰티 아이템."

- 글꼴, 크기, 색상 변경 가능.

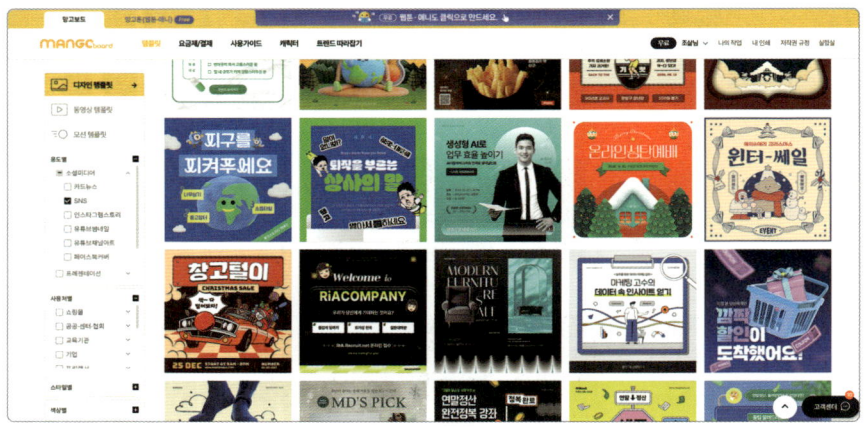

(2) 이미지 교체
- 템플릿에 포함된 이미지를 클릭하고, **"이미지 교체"** 옵션을 선택합니다.

> ・**직접 업로드:** 내 컴퓨터에서 이미지를 업로드하여 사용.
> ・**망고보드 라이브러리:** 다양한 무료 및 유료 이미지 중 선택.

(3) 색상 테마 변경
- 템플릿 전체의 색상 테마를 한 번에 변경할 수 있습니다.
- 브랜드 컬러 또는 트렌디한 색상으로 통일.

(4) 아이콘 및 그래픽 추가
- 왼쪽 메뉴에서 **"요소"**를 선택하고, 원하는 아이콘이나 그래픽을 추가합니다.

 예 ▶ 하트, 별, 동그라미 그래픽으로 강조.

(5) 배경 설정
- **배경 색상 변경:** 상단의 "배경" 메뉴에서 단색, 그라데이션, 또는 패턴 선택.
- **이미지 배경:** 라이브러리에서 배경 이미지를 추가하거나, 직접 업로드.

3. 인스타그램용 최적화 디자인 팁

1) 적합한 비율 사용

- 인스타그램 피드: 1:1 비율 (1080x1080px).
- 인스타그램 스토리: 9:16 비율 (1080x´920px).

- 망고보드 템플릿에서 자동으로 비율이 맞춰지므로 따로 조정할 필요 없음.

2) 텍스트 크기와 위치

- **피드용 이미지**: 텍스트를 중앙이나 상단에 배치해 가독성 향상.
- **스토리용 이미지**: 텍스트를 하단에 배치하여 화면을 덜 가리도록 조정.

3) 컬러와 폰트 일관성 유지

- 브랜드 컬러와 일치하도록 색상을 설정합니다.
- 인스타그램의 시각적 흐름(피드 레이아웃)을 고려해 동일한 폰트와 색상을 반복 사용.

4) CTA(Call-to-Action) 포함

예 ▶ "더 보기", "지금 구매", "팔로우하세요!" 등 행동을 유도하는 문구 추가.

4. 망고보드의 AI 기능 활용하기

망고보드의 AI 기반 기능을 활용하면 제품 홍보와 브랜드 이미지 구축을 위한 다양한 비주얼 콘텐츠를 쉽고 빠르게 제작할 수 있습니다.

1) AI 이미지 생성 및 활용

- **AI 이미지 제작:** 사용자가 원하는 키워드를 입력하면 동화 스타일, 디지털 드로잉, 3D 일러스트, 실사 사진 등 다양한 형식의 이미지를 자동 생성.
- **캐릭터 제작:** 브랜드 마스코트나 홍보용 캐릭터를 간편하게 제작 가능.

> **예** ▶ 동화 속 주인공 스타일 캐릭터, SF 테마의 3D 캐릭터 등.

2) AI 모델 활용

- **가상 모델 생성:** 제품 홍보용 AI 모델을 제작해 전문적인 마케팅 자료로 활용.
- **얼굴 교체 기능:** 기존 사진에서 AI로 얼굴을 변경해 현실적인 홍보 이미지 생성.
- **브랜드 맞춤형 이미지:** 다양한 연령, 인종, 스타일의 모델로 제품의 글로벌 매력을 강조.

3) 배경 제거 및 이미지 편집

- **자동 배경 제거**: 클릭 한 번으로 배경을 제거하여 제품만 돋보이게 연출.
- **실사 및 가상 이미지 조합**: 배경 제거 후 가상의 배경이나 맞춤 디자인으로 대체 가능.

예 ▶ 제품을 자연 풍경, 도시 배경 등 다양한 스타일에 맞게 배치.

4) 활용 예시

1. 제품 홍보
- AI 모델로 제품 사용 예를 생생히 보여주는 마케팅 이미지 제작.
- AI 생성 배경을 활용해 고급스러운 제품 촬영 분위기 연출.

2. 브랜드 홍보
- 가상의 브랜드 캐릭터를 만들어 소셜 미디어 캠페인 활용.
- 스토리텔링 중심의 동화나 일러스트 이미지로 브랜드 감성 강조.

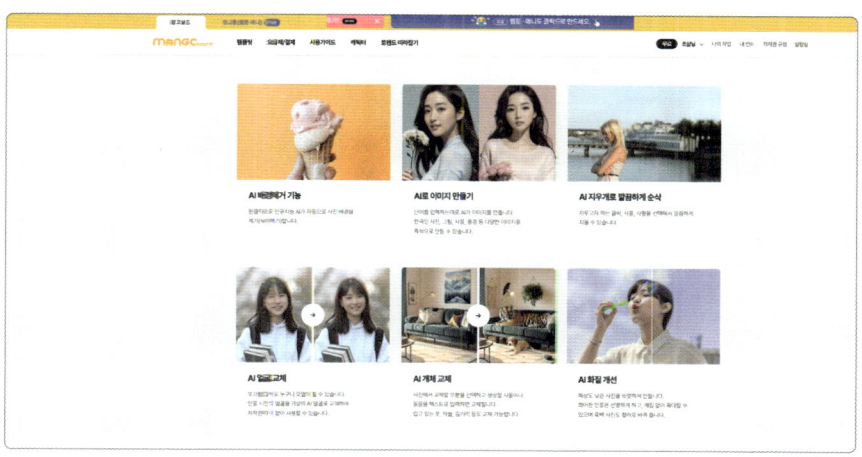

5. 망고보드로 제작한 인스타그램 이미지 활용 사례

· 사례 1 ▶ 제품 홍보

- **템플릿 선택:** "세일 홍보"
- **변경 내용**
  - 텍스트: "한정 세일!" → "여름 패션 20% 할인"
  - 이미지: 모델 착용 사진 추가.
  - 색상: 브랜드 컬러(파란색, 흰색)로 통일.

· 사례 2 ▶ 이벤트 공지

- **템플릿 선택:** "이벤트 공지"
- **변경 내용**
  - 텍스트: "이벤트 시작!" → "팔로우 이벤트, 선물 드려요!"
  - 그래픽: 선물 아이콘 추가.

· 사례 3 ▶ 정보성 콘텐츠

- **템플릿 선택:** "꿀팁 소개"
- **변경 내용**
  - 텍스트: "건강 꿀팁" → "아침 루틴 3단계."
  - 이미지: 운동 관련 사진 추가.

결론

망고보드는 직관적인 디자인 도구로, 빠르고 손쉽게 인스타그램용 콘텐츠를 제작할 수 있습니다. 템플릿을 활용해 효율적으로 이미지 제작을 시작하고, 커스터마이징으로 브랜드와 맞춤화된 콘텐츠를 만들어 보세요. 고품질의 이미지는 인스타그램에서 더 많은 클릭과 참여를 유도할 수 있습니다.

02 미리캔버스를 활용한 유튜브 채널 아트와 배너 제작하기

유튜브 채널 아트와 배너는 채널의 첫인상을 결정짓는 중요한 요소입니다. **미리캔버스(Miricanvas)**는 유튜브 권장 크기에 맞춘 템플릿과 디자인 도구를 제공해 초보자도 손쉽게 고품질의 채널 아트와 배너를 제작할 수 있습니다.

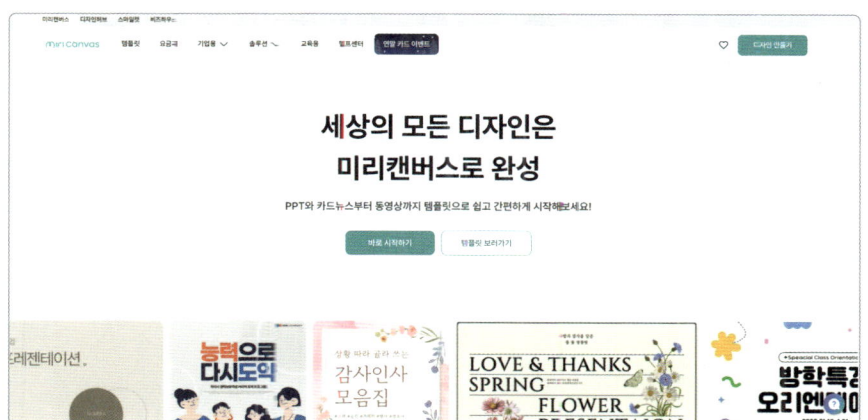

1. 유튜브 채널 아트와 배너의 중요성

1) 브랜드 정체성 표현
- 채널 아트는 채널의 주제, 스타일, 전문성을 시청자에게 전달합니다.

2) 시청자 관심 유도
- 시각적으로 매력적인 배너는 채널에 대한 신뢰감을 높이고 구독을 유도합니다.

3) 다양한 기기 호환
- 올바른 크기로 제작하면 데스크탑, 모바일, TV에서 모두 보기 좋게 표시됩니다.

2. 유튜브 채널 아트와 배너의 권장 크기

- **전체 크기:** 2560 x 1440px
- **안전 영역:** 1546 x 423px

* 텍스트와 중요한 요소는 이 안전 영역 내에 배치해야 합니다.

- **파일 크기 제한:** 6MB 이하

3. 미리캔버스를 활용한 제작 과정

1) 미리캔버스 접속 및 템플릿 선택

1. **미리캔버스 웹사이트 접속:**
   미리캔버스 공식 홈페이지 (https://www.miricanvas.com)

2. **로그인:** 계정을 생성하거나 기존 계정으로 로그인합니다.
3. **템플릿 선택:** 상단 검색창에 "유튜브 배너" 또는 "YouTube Channel Art" 입력

* 유튜브 권장 크기에 맞춘 템플릿이 자동 제공됩니다.

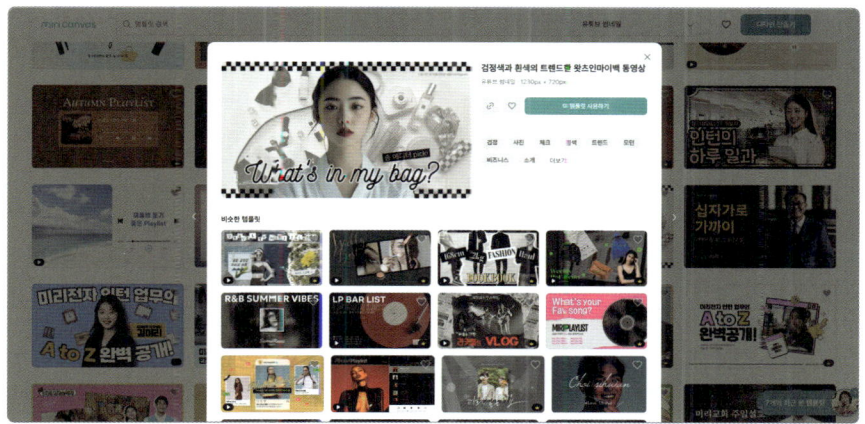

2) 템플릿 커스터마이징

(1) 텍스트 수정

- 템플릿의 기본 텍스트를 클릭해 채널 이름, 슬로건, 업로드 일정 등으로 수정.

예 ▶ • **채널 이름:** "Simple Life"   • **슬로건:** "매주 금요일, 라이프스타일 꿀팁!"

(2) 이미지 교체

이미지 추가 방법

- **직접 업로드:** 내 컴퓨터에서 배경 이미지나 로고 업로드.
- **미리캔버스 라이브러리:** 무료 또는 유료 이미지를 검색해 추가.

  배경 이미지 예시 ▶ 풍경, 제품 사진, 패턴 등.

(3) 그래픽 및 아이콘 추가

- 왼쪽 메뉴에서 **"요소"** 를 선택해 그래픽이나 아이콘 추가.

예 ▶ 카메라, 마이크, 책, 노트북 등 채널 주제와 관련된 아이콘 사용.

(4) 안전 영역 확인
- 안전 영역(1546 x 423px) 내에 텍스트와 주요 요소를 배치해 모바일 및 데스크탑에서 가독성 확보.
- 배너 외곽(전체 크기)에 이미지를 배치하여 TV에서도 보기 좋게 디자인.

(5) 색상 조정
- 브랜드 정체성에 맞는 색상을 적용해 일관성 유지.

예 ▶ 라이프스타일 채널 → 부드러운 파스텔 색상.

4. 디자인 팁: 채널 아트와 배너에서 주의할 점

1) 심플하게 디자인하기
- 텍스트와 이미지를 과도하게 사용하지 말고, 메시지를 명확히 전달합니다.

2) 브랜드 로고와 컬러 강조
- 로고와 브랜드 컬러를 사용해 시청자에게 채널을 쉽게 각인시킵니다.

3) 가독성 유지

- 텍스트는 배경과 대비되도록 색상과 크기를 조정합니다.

> **예** ▶ 어두운 배경 → 밝은 텍스트 사용.

4) 슬로건과 업로드 일정 포함

> **예** ▶ "매주 수요일, 새로운 요리 영상!"

5) 기기 호환성 테스트

- 모바일, 데스크탑, TV에서 모두 보기 좋게 디자인을 조정합니다.

결론

미리캔버스는 유튜브 채널 아트와 배너 제작에 최적화된 도구로, 누구나 간단하고 빠르게 전문적인 디자인을 완성할 수 있습니다. 템플릿을 활용해 채널의 정체성을 강조하고, 기기 호환성을 고려한 디자인으로 시청자의 신뢰를 높여보세요.

▶ 03 Tyle.io를 활용한 카드 뉴스형 숏폼 제작

Tyle.io는 간단한 템플릿 기반 동영상 제작 도구로, 텍스트와 이미지를 활용해 카드 뉴스형 숏폼 콘텐츠를 쉽게 제작할 수 있습니다. 정보 전달과 시각적 매력을 동시에 살려 SNS 플랫폼에서 주목받는 콘텐츠를 만들기에 최적입니다.

1. 카드 뉴스형 숏폼 콘텐츠란?

1) 카드 뉴스형 콘텐츠의 특징

- **정보 전달 중심**: 짧고 명료한 텍스트로 핵심 정보를 전달.
- **슬라이드 형태**: 시청자가 하나씩 내용을 확인할 수 있도록 구성.
- **SNS 최적화**: 틱톡, 인스타그램, 유튜브 쇼츠 등에 적합한 형식.

2) Tyle.io를 활용한 제작의 장점

- **템플릿 기반**: 디자인에 대한 전문 지식 없이도 고품질 콘텐츠 제작 가능.
- **자동 애니메이션**: 텍스트와 이미지를 넣으면 자동으로 모션 효과 적용.
- **간단한 인터페이스**: 드래그 앤 드롭 방식으로 직관적인 작업 가능.

2. Tyle.io로 카드 뉴스형 숏폼 제작: 단계별 가이드

1) Tyle.io 접속 및 계정 생성

① **Tyle.io 웹사이트:** Tyle.io 공식 홈페이지 (https://www.tyle.io)
② 계정을 생성하거나, Google 계정으로 간단히 로그인합니다.

2) 새 프로젝트 시작

① "새 프로젝트" 버튼 클릭.
② **템플릿 선택:**
- "카드 뉴스형 콘텐츠" 또는 "SNS 동영상" 카테고리 선택.
- 플랫폼(틱톡, 인스타그램 등)에 맞는 세로형(9:16) 템플릿 추천.

3) 텍스트와 이미지 추가

1) 슬라이드 구성

① **첫 슬라이드:** 주제를 명확히 보여주는 제목 추가.

예 ▶ "환경 보호를 위한 5가지 쉬운 방법!"

② **중간 슬라이드**: 각 슬라이드마다 하나의 핵심 포인트를 배치.

예 ▶ "1. 텀블러 사용하기"

③ **마지막 슬라이드**: 요약과 행동 유도(Call to Action).

예 ▶ "지구를 위한 작은 변화를 시작하세요!"

2) 텍스트 스타일링
- 텍스트를 클릭하여 폰트, 크기, 색상 조정.
- 강렬한 키워드를 굵게 표시해 시각적 초점 강화.

3) 이미지와 아이콘 삽입
- 왼쪽 메뉴에서 "이미지" 선택 후, 라이브러리에서 적합한 이미지를 추가.
- 아이콘이나 그래픽 요소를 활용해 정보를 보완.

예 ▶ 쓰레기통, 텀블러, 지구 아이콘.

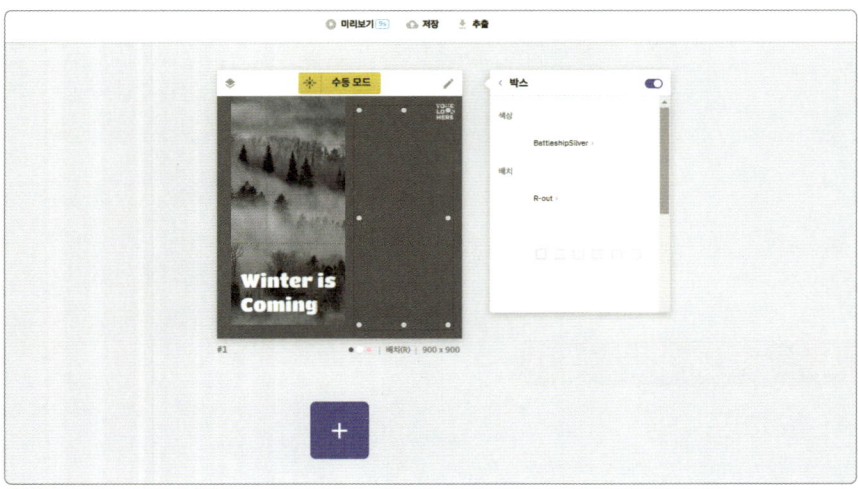

4) 애니메이션 및 전환 효과 적용

(1) 자동 애니메이션
- 텍스트와 이미지에 기본 제공되는 모션 효과 사용.

  예 ▶ 슬라이드 인, 페이드 아웃, 확대/축소.

(2) 전환 효과
- 슬라이드 간 자연스럽게 연결되는 전환 효과 선택.
- **추천 효과:** 슬라이드 왼쪽/오른쪽으로 이동.

(3) 미리보기
- 상단의 미리브기 버튼을 눌러 전체 영상의 흐름 확인.

5) 배경 음악과 음향 효과 추가

(1) 음악 추가
- Tyle.io의 무료 음악 라이브러리에서 선택하거나 직접 업로드.
- 정보성 콘텐츠에는 부드럽고 반복적인 음악 추천.

(2) **음향 효과 추가**

- 전환 효과, 버튼 클릭 등을 강조하기 위한 음향 추가.

예 ▶ "딩" 소리로 주목 포인트 표시.

6) 최종 편집 및 내보내기

① **비율과 해상도 확인**
- SNS 플랫폼에 적합한 9:16 비율(1080x1920) 설정.

② **내보내기**
- 상단 메뉴의 "내보내기" 버튼 클릭.
- 파일 형식: MP4 권장.

③ **SNS 플랫폼에 업로드**
- 다운로드한 콘텐츠를 틱톡, 인스타그램 릴스, 유튜브 쇼츠 등 원하는 플랫폼에 업로드.

3. 카드 뉴스형 콘텐츠 제작 팁

1) 간결한 텍스트 사용
- 슬라이드당 한 문장 또는 키워드 중심의 텍스트 작성.

잘못된 예: "텀블러 사용은 환경 보호에 중요한 역할을 합니다."
올바른 예: "텀블러 = 플라스틱 컵 절약!"

2) 일관된 디자인 유지
- 동일한 색상 팔레트와 폰트를 사용해 콘텐츠 전체의 통일성 확보.

3) 시각적 강조 요소 활용
- 중요한 정보는 텍스트 크기를 키우거나 굵게 표시.
- 배경과 텍스트 색상의 대비를 강하게 설정.

4) 행동 유도(Call to Action)

- 마지막 슬라이드에서 명확한 행동 유도 문구 삽입.

예 ▶ "팔로우하고 환경 팁을 더 받아보세요!"

4. 성공적인 카드 뉴스형 숏폼 콘텐츠 사례

· 사례 1 ▶ 정보성 콘텐츠

- · 주제: "재활용 팁 3가지"
- 슬라이드 1: "플라스틱을 재활용하는 올바른 방법!"
- 슬라이드 2: "① 라벨 제거하기."
- 슬라이드 3: "② 물로 깨끗이 헹구기."
- 슬라이드 4: "③ 종류별로 분리 배출하기."
- 슬라이드 5: "작은 실천이 큰 변화를 만듭니다!"

· 사례 2 ▶ 홍보 콘텐츠

- · 주제: "신제품 소개"
- 슬라이드 1: "이제 더 쉬워진 요리, 만나보세요!"
- 슬라이드 2: "신제품 출시: 스마트 요리 기기."
- 슬라이드 3: "빠르고 간편한 조리법 제공."
- 슬라이드 4: "지금 구매하고 특별 할인받기!"

결론

Tyle.io는 카드 뉴스형 숏폼 콘텐츠 제작에 최적화된 도구로, 텍스트와 이미지를 간단히 조합해 전문적인 콘텐츠를 제작할 수 있습니다.
템플릿과 자동 애니메이션을 활용하면 효율적으로 작업이 가능하며, 시청자에게 시각적으로 매력적이고 정보를 쉽게 전달할 수 있는 숏폼 콘텐츠를 제작할 수 있습니다.

04 Playground를 활용한 로고 디자인

Playground는 간단하고 직관적인 인터페이스를 제공하는 AI 기반 디자인 도구로, 로고 및 그래픽 디자인을 쉽고 빠르게 제작할 수 있습니다.
자동화된 디자인 프로세스와 다양한 템플릿을 활용해 브랜드에 적합한 로고와 시각 자료를 제작할 수 있습니다.

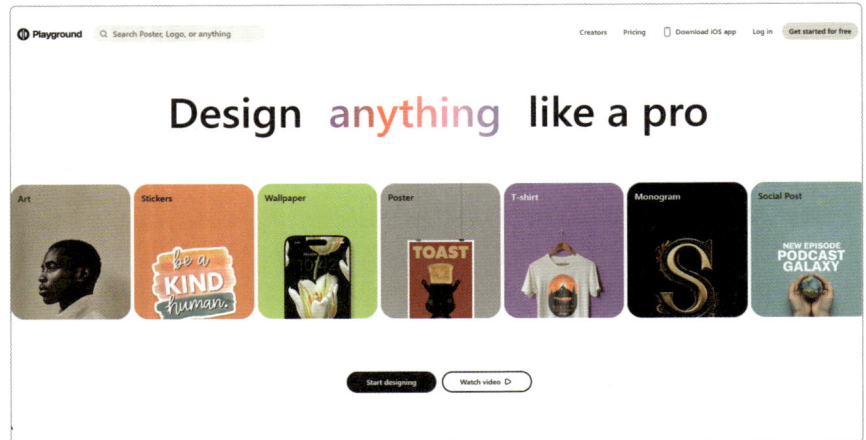

1. Playground의 주요 특징과 장점

1) AI 기반 디자인
- 입력된 텍스트나 키워드를 기반으로 로고와 그래픽을 자동 생성.
- 사용자의 취향에 따라 디자인을 세부적으로 커스터마이징 가능.

2) 다양한 템플릿
- 로고, 배너, 포스터 등 다양한 카테고리의 템플릿 제공.

3) 초보자 친화적
- 드래그 앤 드롭 방식과 자동 추천 기능으로 디자이너가 아니더라도 전문적인 디자인 제작 가능.

4) 브랜드 스타일 구축
- 폰트, 색상 팔레트, 아이콘을 활용해 브랜드 정체성에 맞춘 디자인 제작.

2. Playground를 활용한 로고 제작 단계

1) Playground 접속 및 계정 생성
① Playground 공식 홈페이지 (https://playground.ai) 접속.
② 계정을 생성하거나, Google 계정으로 로그인합니다.

2) 로고 제작 시작
① 상단 메뉴에서 "로고 디자인" 또는 "브랜드 아이덴티티" 카테고리 선택.
② 키워드 입력
- 브랜드의 이름, 컨셉, 주요 키워드를 입력해 AI가 추천 디자인 생성.

예 ▶ "EcoCare" / "지속 가능한 라이프스타일".

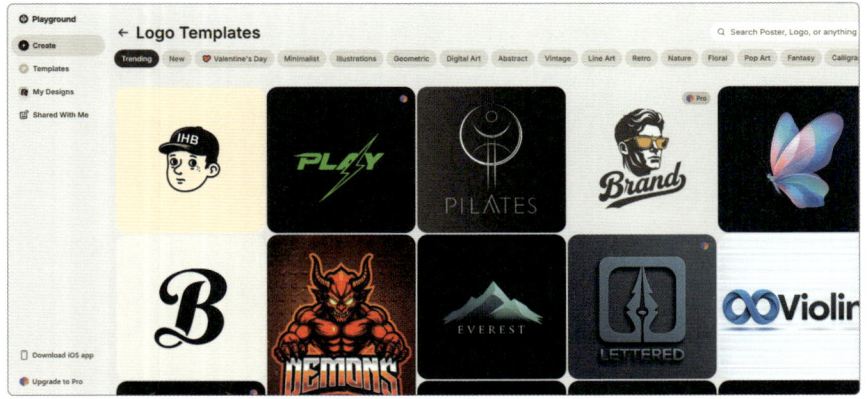

3) 템플릿 선택 및 수정

(1) AI 추천 템플릿 확인
- 키워드를 기반으로 생성된 다양한 로고 템플릿 제공.

> 예 ▶ 친환경 브랜드 → 나뭇잎, 지구, 초록색 계열 아이콘.

(2) 커스터마이징 작업
- **아이콘 변경**: 로고의 메인 그래픽을 변경하거나 크기 조정.
- **텍스트 수정**: 브랜드 이름과 슬로건 삽입.
- **폰트 선택**: 심플한 폰트(고딕체) 또는 개성 있는 폰트(손글씨체) 활용.
- **색상 조정**: 브랜드 컬러를 적용해 일관성 유지.

4) 로고 완성 후 다운로드

(1) 파일 형식 선택
- 고화질 PNG SVG 형식으로 저장.

(2) 배경 설정
- 투명 배경 옵션 활성화(다른 디자인 도구에서 활용할 경우).

3. Playground를 활용한 기타 디자인 작업

1) 소셜 미디어 배너 제작
① 상단 메뉴에서 **"소셜 미디어 디자인"** 선택.
② 플랫폼별 권장 크기에 맞춘 템플릿 선택(인스타그램, 유튜브, 틱톡 등).
③ 로고와 브랜드 색상을 활용해 일관된 디자인 제작.

예 ▶ "신제품 출시!" / "이번 주말 한정 할인!"

2) 명함 및 포스터 제작

① 명함 디자인
- 로고와 연락처, QR 코드를 삽입하여 깔끔한 명함 제작.

② 포스터 디자인
- 로고와 주요 메시지를 강조한 포스터 제작.

> **예 ▶** "에코 라이프 캠페인" / "지구를 위한 작은 변화".

4. Playground 활용 팁

1) AI 추천 활용하기
- Playground의 AI 추천 기능으로 빠르게 로고 초안을 생성하고 세부 조정.
- 입력 키워드에 따라 AI가 다양한 스타일의 디자인을 제안.

2) 브랜드 정체성 강화
- 일관된 폰트, 컬러 팔레트, 아이콘을 반복 사용해 브랜드 이미지 고정.
- 로고에 사용할 색상은 2~3가지만 선택해 심플하고 세련된 느낌 유지.

3) 파일 호환성 확인
- CapCut 또는 기타 편집 도구에서 사용할 경우, 투명 배경 PNG로 저장해 오버레이나 배경으로 활용.

5. 성공적인 디자인 예시

1) 친환경 브랜드 "EcoCare" 로고

- **아이콘**: 나뭇잎과 물방울 그래픽.
- **폰트**: 심플한 고딕체.
- **색상**: 초록색과 파란색 계열.

2) 유튜브 채널 "TechDaily" 로고

- **아이콘**: 노트북 또는 전구 그래픽.
- **폰트**: 모던하고 두꺼운 폰트.
- **색상**: 검정과 파란색 계열.

3) 캠페인 포스터

- **주제**: "쓰레기 줄이기 캠페인"
- **메시지**: "작은 실천, 큰 변화."
- **디자인 요소**: 로고, 나뭇잎 아이콘, 강조된 텍스트.

결론

Playground는 AI 기반의 직관적인 디자인 도구로, 로고와 다양한 시각 자료를 빠르고 쉽게 제작할 수 있습니다.
CapCut과 연동하면 고급스러운 인트로, 오버레이 효과 등을 추가해 브랜드 중심의 숏폼 콘텐츠를 제작할 수 있습니다.
Playground를 활용해 일관성 있는 디자인으로 브랜드 정체성을 강화하고, 시각적으로 매력적인 콘텐츠를 완성하세요.

실전 프로젝트 - 숏폼 영상 제작의 모든 것

01 ___ 트렌드 리액션 영상 만들기

02 ___ 제품 리뷰와 언박싱 콘텐츠 제작

03 ___ 정보성/교육성 숏폼 콘텐츠 제작

04 ___ 브랜드 스토리를 담은 홍보 영상 만들기

학습 목표

1. 트렌드 리액션 영상을 제작하며 최신 트렌드를 활용하는 방법을 익힌다.
2. 제품 리뷰와 언박싱 콘텐츠를 제작하며 브랜드 홍보 역량을 강화한다.
3. 정보성 및 교육성 콘텐츠를 제작하여 시청자에게 가치를 전달한다.
4. 브랜드 스토리를 담은 감성적이고 설득력 있는 홍보 영상을 제작한다.

▶▶01 트렌드 리액션 영상 만들기

트렌드 리액션 영상은 특정 이슈, 유행 콘텐츠, 챌린지 등에 대한 반응을 담아 시청자와 공감대를 형성하는 콘텐츠입니다. 트렌드를 빠르게 캐치하고 적절히 반응하면, 알고리즘의 추천을 받아 높은 노출과 조회수를 얻을 수 있습니다.

1. 트렌드 리액션 영상의 특징과 장점

특징

- **시의성**: 최신 트렌드를 다루므로 높은 관심을 끌기 쉬움.
- **공감 요소**: 대중의 반응이나 생각을 대변하여 시청자의 참여를 유도.
- **유머와 창의성**: 유머러스하거나 독창적인 반응은 더 큰 반향을 일으킴.

장점

- **빠른 노출 증가**: 트렌드에 맞춘 콘텐츠는 플랫폼의 알고리즘에 의해 추천 빈도가 증가.

- **브랜드 이미지 구축**: 브랜드의 창의성과 빠른 대응력을 보여줄 기회.
- **참여 유도**: "여러분의 생각은 어떤가요?"와 같은 질문으로 댓글 참여 유발.

2. 트렌드 리액션 영상 제작 단계

1) 트렌드 분석 및 선정

(1) 플랫폼별 인기 콘텐츠 확인

- **틱톡:** 디스커버 탭에서 인기 있는 해시태그와 챌린지 탐색.
- **유튜브:** 트렌딩 섹션 확인.
- **인스타그램:** 인기 릴스 탐색 및 관련 해시태그 확인.

(2) 트렌드와 채널 콘셉트 매칭

- 채널 주제와 관련 있는 트렌드를 선택.

  예 ▶ 뷰티 채널 → 인기 필터를 활용한 메이크업 리액션.

(3) 트렌드 지속 가능성 평가

- 트렌드가 금방 사라질 이슈인지, 장기간 활용 가능한지 판단.

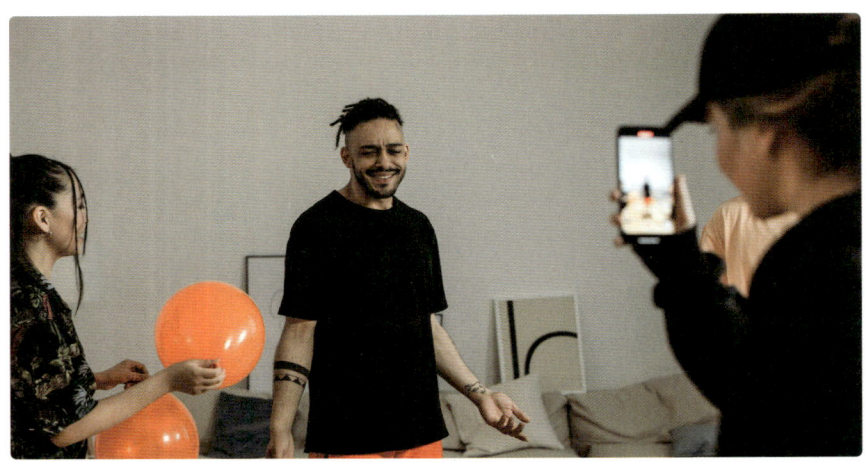

2) 리액션 영상 기획

(1) 콘텐츠 형식 결정

- **유머 리액션:** 재미있고 독창적인 반응.
- **정보성 리액션:** 트렌드와 관련된 팁, 해설 제공.
- **감정적 리액션:** 감동적이거나 개인적인 의견을 표현.

(2) 핵심 메시지 구성

- 시청자가 즉시 이해할 수 있도록 명확한 메시지를 전달.

예 ▶ "이 필터, 정말 대박인데?!" / "새로운 챌린지, 여러분도 도전해보세요!"

(3) 스토리 구조 작성

- **초반(3초):** 트렌드를 소개하거나 궁금증을 유발.
- **중반(메인):** 트렌드에 대한 리액션.
- **후반(CTA):** "여러분의 생각은 어떤가요?", "이 필터로 찍어보세요!" 등 참여 유도.

3) 영상 제작
(1) 촬영 준비

- **장비**: 스마트폰 또는 카메라, 삼각대.
- **조명**: 자연광 또는 링라이트로 밝고 선명한 화면 연출.
- **배경**: 트렌드의 주제와 어울리는 깔끔한 배경 선택.

(2) 편집 과정

[CapCut 활용]
- 텍스트 추가: "이 트렌드, 해봤나요?"
- 효과 삽입: 인기 있는 트렌드에 맞는 전환 효과 추가.

[Vrew로 자막 작업]
- 음성에 맞춰 자막을 자동 생성해 시청자의 이해도와 몰입도 향상.

[음악 추가]
- 트렌드와 관련된 인기 음악을 사용해 분위기 강화.

(3) 필터 및 그래픽 효과 적용
- 틱톡, 인스타그램에서 제공하는 인기 필터 활용.
- **그래픽 아이콘**(예: 하트, 웃음 이모티콘)으로 시각적 재미 추가.

3. 트렌드 리액션 영상의 성공 전략

1) 빠른 제작과 업로드
- 트렌드는 시간에 민감하므로 최대한 빠르게 콘텐츠를 제작해 업로드.

2) 해시태그와 키워드 전략
- 트렌드 관련 해시태그를 적극 활용.

예 ▶ 트렌드리액션 챌린지 도전 틱톡필터

3) 시청자와의 소통 강화

- 댓글을 통해 시청자의 의견을 묻거나, 새로운 리액션 아이디어를 요청.

4) 플랫폼 최적화

- **틱톡:** 짧고 강렬한 영상으로 즉각적인 반응 유도.
- **유튜브 쇼츠:** 정보와 재미를 결합해 다양한 연령대 타겟팅.
- **인스타그램 릴스:** 시각적으로 매력적인 필터와 그래픽 효과 강조.

4. 성공적인 리액션 영상 사례

사례 1 ▶ 틱톡 필터 리액션

- **주제:** "나와 어울리는 얼굴 필터 찾기!"
- **구성**
  - 초반: "이 필터, 진짜 저랑 찰떡인가요?"
  - 중반: 다양한 필터를 적용하며 웃음과 놀라움 표현.
  - 후반: "여러분도 해보고 결과 공유해주세요!"

사례 2 ▶ 챌린지 참여 영상

- **주제**: "댄스 챌린지 도전!"
- **구성**
  - 초반: "이 춤, 정말 어려운 거 맞나요?"
  - 중반: 춤을 따라 하며 실패 또는 성공하는 장면 추가.
  - 후반: "여러분도 이 챌린지에 도전해보세요!"

사례 3 ▶ 트렌드 해석 영상

- **주제**: "요즘 대세, 이거 진짜 효과 있나요?"
- **구성**
  - 초반: "이거 진짜 사람들이 말하는 만큼 좋은 거예요?"
  - 중반: 제품이나 필터를 사용하며 실제 반응 제공.
  - 후반: "여러분은 어떻게 생각하시나요?"

결론

트렌드 리액션 영상은 시청자의 관심을 끌고 소통을 활성화하는 강력한 도구입니다. 빠르게 변화하는 트렌드를 캐치하고, 플랫폼별 전략에 맞춘 콘텐츠를 제작해 시청자와 공감대를 형성하세요. 적절한 편집과 음악, 해시태그를 활용하면 더욱 인기 있는 리액션 영상을 만들 수 있습니다.

02 제품 리뷰와 언박싱 콘텐츠 제작

제품 리뷰와 언박싱 콘텐츠는 시청자에게 제품의 실물과 사용감을 직접 보여주는 강력한 콘텐츠 형식입니다.
이 콘텐츠는 시청자가 구매 결정을 내리는 데 도움을 주며, 특히 숏폼 콘텐츠에서는 제품의 핵심 특징을 짧고 강렬하게 전달하는 것이 중요합니다.

1. 제품 리뷰와 언박싱 콘텐츠의 장점

1) 소비자 신뢰 형성
- 제품의 실질적인 사용감을 전달해 신뢰를 높임.
- 직접적인 경험을 공유함으로써 시청자와 공감대를 형성.

2) 브랜드 및 제품 홍보
- 제품의 장점과 차별성을 강조해 구매를 유도.
- 브랜딩과 제품 인지도 향상에 기여.

3) 시청자 참여 유도
- "이 제품에 대해 어떻게 생각하세요?" 등 질문을 통해 댓글 및 의견 공유 활성화.

2. 제품 리뷰와 언박싱 콘텐츠 기획 단계

1) 콘텐츠 형식 결정

(1) 언박싱

- 제품의 포장을 열며 첫인상을 보여주는 형식.

예 ▶ "포장을 열어보니 이런 기능이!"

(2) 제품 리뷰

- 제품의 기능, 장단점, 사용 경험을 자세히 설명.

예 ▶ "2주간 사용해 본 결과는?"

2) 핵심 메시지 정리

- 제품의 주요 특징과 장점을 3~4가지로 압축.

예 ▶ "이 스마트워치의 가장 좋은 점은 가벼움, 배터리, 디자인입니다!"

3) 대상 시청자 설정

- 타겟층에 맞는 언어와 방식으로 콘텐츠 제작.

예 ▶ 10대 타겟 → 트렌디한 표현과 유머 강조.
    30대 이상 타겟 → 실용성과 기능성 강조.

4) 스토리라인 작성

(1) 초반 (3초)

- 주목을 끌 수 있는 메시지.

예 ▶ "이 제품, 정말 혁신적일까요?"

(2) 중반 (메인)

- **언박싱**: 포장 디자인, 구성품, 첫인상 강조.
- **리뷰**: 기능 시연, 장단점 설명.

(3) 후반 (결론)

- 솔직한 의견과 구매 추천 여부.

예 ▶ "실제로 써보니 이런 점이 마음에 들었습니다!"

3. 제품 리뷰와 언박싱 콘텐츠 제작 단계

1) 촬영 준비

(1) 장비 선택

- **스마트폰 또는 카메라:** 고화질 촬영 가능.
- **삼각대:** 흔들림 없는 안정적인 화면 연출.
- **조명:** 제품의 디테일을 돋보이게 하는 링라이트 추천.

(2) 배경 설정

- 깔끔한 배경을 선택하여 제품을 돋보이게 연출.

예 ▶ 단색 테이블 매트, 미니멀한 책상 위.

(3) 제품 준비

- 포장 상태를 그대로 유지하여 처음부터 언박싱 과정을 보여줍니다.

2) 촬영 구성

(1) 언박싱 촬영

① 포장 상태 강조
- 패키지의 디자인, 상태를 보여줍니다.

> 예 ▶ "이 브랜드는 포장부터 그급스러워요."

② 구성품 소개
- 상자에서 하나씩 꺼내며 간단히 설명.

> 예 ▶ "박스 안에는 본체, 설명서, 충전 케이블이 들어 있습니다."

③ 첫인상 공유
- 제품의 첫 느낌, 디자인, 크기 등에 대한 솔직한 의견.

(2) 리뷰 촬영

① 기능 설명
- 제품의 주요 기능을 시연하며 간단히 설명.

> 예 ▶ "이 청소기는 3단계 필터 시스템이 적용되어 있습니다."

② 장단점 비교
- 사용 후 느낀 장점과 단점을 솔직히 공유.

> 예 ▶ "배터리 수명은 훌륭하지만, 초기 설정이 조금 복잡했습니다."

③ 사용 장면 촬영
- 실생활에서 제품을 사용하는 모습을 촬영.

> 예 ▶ "이 물병은 여행할 때 정말 유용합니다!"

3) 편집 및 후반 작업

(1) CapCut 활용

① 영상 자르기 및 구성

- 불필요한 부분 제거.
- 언박싱과 리뷰를 자연스럽게 연결.

② 텍스트와 그래픽 추가

- 주요 특징을 강조하는 텍스트 삽입.

> **예 ▶** "초경량 200g" / "10시간 지속 배터리".

③ 전환 효과

- 언박싱에서 리뷰로 넘어갈 때 부드러운 전환 효과 추가.

(2) Vrew로 자막 작업

- 자동 자막 생성 후, 텍스트를 간단히 수정.
- 제품의 주요 정보나 가격을 자막으로 강조.

(3) 배경음악 및 효과음 추가

- **음악:** 밝고 경쾌한 음악으로 분위기 연출.
- **효과음:** 포장을 열거나 버튼을 누를 때 추가.

4. 성공적인 콘텐츠 제작 팁

① **짧고 간결하게** – 핵심 정보를 중심으로 30~60초 내외로 압축.
② **솔직한 의견 강조** – 장점뿐만 아니라 단점도 언급해 신뢰성을 높입니다.
③ **행동 유도(Call to Action)**
   예 ▶ "이 제품, 여러분은 어떻게 생각하세요? 댓글로 알려주세요!"
④ **해시태그 활용** – 플랫폼에 맞는 해시태그 추가로 검색 노출 극대화.
   예 ▶ 제품리뷰 언박싱 영상 구매추천

5. 성공 사례

사례 1 ▶ 스마트워치 언박싱 및 리뷰

- **초반**: "이 스마트워치, 정말 혁신적일까요?"
- **중반**: 언박싱 후 디자인과 기능 설명.
- **후반**: 사용 후 장단점과 구매 추천 여부 언급.

사례 2 ▶ 뷰티 제품 리뷰

- **초반**: "요즘 핫한 이 크림, 정말 효과 있을까요?"
- **중반**: 언박싱 후 피부에 테스트.
- **후반**: "보습력은 좋지만 향이 조금 강해요."

제품 리뷰와 언박싱 콘텐츠는 소비자의 신뢰를 얻고 제품의 장점을 극대화하는 데 효과적입니다. 시청자가 직접 체험하는 것 같은 느낌을 주는 생생한 리뷰와 전문적인 편집으로 콘텐츠의 완성도를 높이세요.
적절한 촬영 편집, 메시지 전달로 브랜드와 시청자 모두에게 가치 있는 콘텐츠를 제공할 수 있습니다.

▶03 정보성/교육성 숏폼 콘텐츠 제작

정보성 및 교육성 숏폼 콘텐츠는 짧은 시간 안에 시청자에게 유용한 정보나 지식을 전달하는 형식으로, 높은 시청 유지율과 공유율을 자랑합니다. 특히, 복잡한 내용을 간결하게 요약하여 시청자의 시간을 절약하면서 가치를 제공하는 것이 핵심입니다.

1. 정보성/교육성 콘텐츠의 특징과 장점

1) 특징

- **짧고 간결:** 30~60초 안에 핵심 메시지를 전달.
- **시각적 자료 활용:** 텍스트, 이미지, 애니메이션으로 이해를 돕는 요소 활용.
- **실용성 강조:** 시청자의 일상에서 바로 적용 가능한 정보 제공.

2) 장점

- **높은 공유율:** 유용한 정보는 시청자가 주변에 공유할 가능성이 높음.
- **브랜드 신뢰도 상승:** 전문가적인 이미지를 구축하여 구독자 증가.
- **다양한 주제 활용 가능:** 건강, 금융, 자기계발, DIY 등 다양한 분야 적용 가능.

2. 정보성/교육성 콘텐츠 기획 단계

1) 주제 선정

(1) 타겟 시청자 분석

- 시청자가 관심 있어 할 주제를 선정.

예 ▶ 대학생 → "효율적인 공부법", 직장인 → "시간 관리 팁".

(2) 트렌드와 연관성 고려

- 현재 유행하거나 화제가 되는 이슈를 반영.

예 ▶ "챗GPT로 업무 자동화하는 방법".

(3) 문제 해결 중심

- 시청자의 문제를 해결하거나 궁금증을 해소할 수 있는 주제를 설정.

예 ▶ "5분 만에 스트레스 푸는 법".

2) 콘텐츠 구성

> **1. 초반 (3초):** 강렬한 훅(Hook)으로 시청자의 관심 끌기.
>   예 ▶ "집중력이 떨어지신다고요? 5초 만에 해결법 알려드립니다!"
>
> **2. 중반 (메인):** 핵심 정보나 내용을 명확하고 간결하게 전달.
> - TIP 형식: '집중력을 높이는 3가지 방법!"
> - How-To 형식: "간단히 명함을 디자인하는 방법".
>
> **3. 후반 (결론 및 CTA):** 요약 및 행동 유도(Call to Action).
>   예 ▶ "이 팁이 유용하다면 좋아요와 팔로우 부탁드려요!"

3. 정보성/교육성 콘텐츠 제작 단계

1) 촬영 준비

(1) 장비 준비

- **스마트폰**: 고화질 영상 촬영 가능.
- **삼각대**: 안정적인 화면 제공.
- **조명**: 얼굴과 텍스트가 명확히 보이도록 링라이트 사용.

(2) 스크립트 작성

– 대본을 작성하여 핵심 메시지가 빠짐없이 전달되도록 준비.

> 예시 스크립트 ▶
> "오늘은 3분 만에 할 수 있는 스트레칭 동작 3가지를 알려드릴게요. 첫 번째는…"

(3) 자료 준비

– 필요한 이미지, 그래픽, 아이콘 등 미리 준비.
– PPT 슬라이드나 프린트된 자료를 화면에 보여줄 경우 미리 테스트.

2) 촬영과 편집

(1) 촬영 팁

- **화면 구성**: 얼굴과 텍스트가 모두 잘 보이도록 카메라 앵글 조정.
- **짧은 클립**: 한 번에 긴 대사를 말하기보다 짧은 클립으로 나누어 촬영.

(2) CapCut 편집 활용

① 자막 추가

- 자동 자막 생성 후, 시청자 이해를 돕는 키워드를 강조.

  예 ▶ "집중력 높이기 첫 번째 TIP: 25분 작업 후 5분 휴식".

② 전환 효과

- 정보 전달을 돋보이게 하는 슬라이드 전환 효과 사용.

③ 그래픽 삽입

- 그래프, 도표, 체크리스트 등 시각 자료 추가.

(3) Vrew 활용

- 텍스트 기반 영상 제작: 대본을 입력하면 자동으로 자막과 영상 배치.
- 언어 교정: 텍스트 흐름을 매끄럽게 수정해 전달력 강화.

3) 정보 강조를 위한 시각적 효과

(1) 컬러 포인트

- 주요 정보를 강조하기 위해 특정 색상 활용.

  예 ▶ "빨간색"으로 중요한 키워드 표시.

(2) 아이콘과 그래픽 활용

  예 ▶ 체크박스 아이콘으로 할 일 목록을 표시.

- 그래픽 애니메이션으로 정보 전달력 강화.

(3) 배경 음악 추가

- 부드럽고 반복적인 음악으로 분위기를 조성.

4. 성공적인 정보성/교육성 콘텐츠 제작 팁

1) 간결한 전달
- 핵심 메시지만 포함하여 짧고 간결하게.
- 한 클립당 5~10초로 제한.

2) 시청자와 소통
- 시청자의 참여를 유도하는 질문이나 요청 포함.

   예 ▶ "여러분의 공부 꿀팁도 댓글로 알려주세요!"

3) 검색 친화적 해시태그
- 플랫폼에 적합한 해시태그로 노출 극대화.

   예 ▶ 정보영상 교육영상 숏폼

4) 일관된 디자인
- 텍스트 폰트와 색상을 통일하여 브랜드 이미지 형성.

5. 성공 사례

사례 1 ▶ 건강 관리 팁

- **주제**: "5분 안에 스트레스를 푸는 법!"
- **내용**: 3가지 스트레칭 동작을 짧고 간결하게 설명.
- **후반**: "이 동작, 꼭 따라 해보세요!"

사례 2 ▶ 금융 팁

- **주제**: "돈을 모으는 3가지 방법!"
- **내용**: 예산 관리, 자동 저축, 불필요한 지출 줄이기.
- **후반**: "이 방법으로 저축을 시작하세요!"

사례 3 ▶ 공부법

- **주제**: "효율적인 공부법 3단계."
- **내용**:
  - 1단계: 목표 설정.
  - 2단계: 시간 관리(25분 작업 후 5분 휴식).
  - 3단계: 복습 주기 설정.

결론

정보성/교육성 숏폼 콘텐츠는 짧은 시간 안에 시청자에게 가치를 전달하며, 전문성을 보여줄 수 있는 강력한 콘텐츠입니다. 효과적인 스토리라인 구성과 시각적 자료 활용으로 가독성 높고 설득력 있는 콘텐츠를 제작하세요. 짧고 간결하면서도 유용한 정보를 제공하면, 시청자의 신뢰를 얻고 더 많은 구독자와 시청자를 확보할 수 있습니다.

▶04 브랜드 스토리를 담은 홍보 영상 만들기

브랜드 스토리를 담은 홍보 영상은 브랜드의 가치, 철학, 그리고 독창성을 시청자에게 전달하는 강력한 마케팅 도구입니다. 단순한 제품 홍보를 넘어 공감과 신뢰를 형성하며, 브랜드와 시청자 간의 정서적 연결을 강화할 수 있습니다.

1. 브랜드 스토리 홍보 영상의 특징과 장점

1) 특징

- **감성적 접근:** 시청자의 감정을 자극하는 이야기 구조.
- **핵심 메시지 전달:** 브랜드의 가치, 미션, 차별성을 명확히 전달.
- **시각적 연출:** 고품질의 영상과 음악으로 브랜드 이미지를 강화.

2) 장점

- **브랜드 인지도 강화:** 독창적인 스토리를 통해 기억에 남는 브랜드 이미지 구축.
- **고객 충성도 향상:** 브랜드의 철학과 비전을 공유하며 신뢰를 구축.
- **콘텐츠의 공유 가능성 증가:** 공감과 감동을 주는 영상은 자연스럽게 공유됨.

2. 브랜드 스토리 홍보 영상 기획 단계

1) 목표 설정
- 어떤 메시지를 전달할 것인가?

  예 ▶ "환경을 생각하는 지속 가능한 브랜드입니다."

- 타겟 시청자는 누구인가?

  예 ▶ 20~30대 친환경 소비자.

2) 스토리 구상

(1) 브랜드 철학 강조
- 브랜드가 세운 미션과 비전을 중심으로 스토리 구성.

  예 ▶ "우리는 플라스틱을 줄이는 것을 목표로 합니다."

(2) 감동적 요소 추가
- 감정을 자극하는 경험이나 에피소드 삽입.

  예 ▶ 제품 제작 과정에서의 노력, 고객과의 특별한 순간.

(3) 고객 중심 이야기
- 고객의 문제를 해결하는 브랜드의 역할을 강조.

  예 ▶ "이 제품으로 여러분의 삶이 이렇게 달라질 수 있습니다."

3) 영상 구성

(1) 초반 (첫 3~5초)
- 시청자의 관심을 끌어야 함.
- 강렬한 비주얼 또는 질문으로 시작.

  예 ▶ "지구를 위한 작은 선택, 무엇을 바꿀 수 있을까요?"

(2) 중반 (핵심 스토리)

- 브랜드 철학, 제품의 가치, 제작 과정 등을 감동적이고 진정성 있게 전달.

  예 ▶ 제품 제작 과정, 창업자의 이야기, 고객 사례.

(3) 후반 (행동 유도 및 정리)

- 브랜드를 기억하게 하고 행동을 유도.

  예 ▶ "더 나은 내일을 함께 만들어가요. 지금 시작하세요!"

3. 브랜드 스토리 홍보 영상 제작 단계

1) 촬영 준비

(1) 촬영 장비 및 환경 설정

- **카메라/스마트폰**: 고화질 촬영.
- **조명**: 따뜻한 분위기를 위한 소프트 조명 사용.
- **배경**: 브랜드와 어울리는 배경(예: 공방, 자연, 도시).

(2) 스토리보드 작성
- 주요 장면과 메시지를 시각적으로 계획.

> **예** ▶ · **첫 장면:** 창업자가 미소 지으며 제품을 들고 있는 모습.
> · **중간 장면:** 제품 제작 과정.
> · **마지막 장면:** 만족스러운 고객의 미소.

2) 촬영 및 연출

(1) 실제 작업 장면 촬영
- 브랜드의 진정성을 보여주는 작업 환경이나 제작 과정.

> **예** ▶ "한 땀 한 땀 손으로 만든 가방의 디테일."

(2) 창업자 또는 직원 인터뷰
- 브랜드의 철학과 열정을 직접 전달.

> **예** ▶ "우리가 이 브랜드를 시작한 이유는 고객의 삶을 더 편리하게 만들기 위해서였습니다."

(3) 고객 사례 촬영
- 제품을 사용하는 고객의 모습을 생생히 담음.

> **예** ▶ "이 텀블러로 매일 플라스틱 컵을 줄이고 있습니다."

3) 편집 및 흐반 작업

1) CapCut 활용

① 스토리라인 구성
- 촬영한 장면을 순서에 맞게 배열.

② 자막 추가
- 메시지를 강조하는 자막 삽입.

> **예** ▶ "환경을 생각한 작은 선택이 세상을 바꿉니다."

③ 전환 효과 적용
- 부드러운 화면 전환으로 스토리 연결.

2) BGM과 음향 효과 추가
① 감성적인 배경 음악으로 브랜드의 메시지를 전달.
② 특정 장면에서 자연의 소리(새소리, 바람 소리) 추가.

3) 컬러 그레이딩
- 따뜻하고 감성적인 느낌의 색감을 추가하여 브랜드 분위기 강화.

4. 성공적인 브랜드 스토리 영상의 팁

1) 진정성 강조
- 과장된 표현보다는 진솔한 메시지와 감정을 담아야 시청자와 공감대 형성.

2) 감성적인 비주얼 활용
- 제품 제작 과정, 팀워크, 고객의 웃는 모습 등 시각적 감동을 더함.

3) 핵심 메시지 반복
- 브랜드 철학과 메시지를 영상 초반, 중반, 후반에 반복적으로 노출.

4) 행동 유도(Call to Action)

- 마지막에 강렬한 행동 유도 삽입.

예 ▶ "지금 구매하고 환경 보호에 동참하세요!"

5. 성공 사례

사례 1 ▶ 친환경 브랜드 "EcoCare"

- **초반:** "플라스틱 없는 세상을 꿈꿉니다."
- **중반:** 제품 제작 과정(대나무 사용, 무독성 코팅).
- **후반:** "지구를 위한 작은 변화, 지금 시작하세요!"

사례 2 ▶ 핸드메이드 가방 브랜드 "Artisan Touch"

- **초반:** "세상에 단 하나뿐인 가방, 그 제작 과정을 공개합니다."
- **중반:** 디테일을 강조한 제작 장면과 창업자의 인터뷰.
- **후반:** "진정성 있는 핸드메이드, 지금 만나보세요."

사례 3 ▶ 헬스 브랜드 "FitLife"

- **초반:** "운동, 이제는 더 간단하게."
- **중반:** 스마트 워치오- 함께 운동하는 사용자의 모습.
- **후반:** "건강한 하루, 지금 시작하세요!"

결론

브랜드 스토리를 담은 홍보 영상은 시청자의 감정과 공감을 이끌어내며, 브랜드의 가치를 전달하는 강력한 도구입니다. 스토리 중심의 기획, 감각적인 비주얼 연출, 적절한 편집과 음악으로 브랜드의 진정성과 독창성을 표현하세요. 이런 콘텐츠는 시청자의 마음을 움직이고 브랜드 충성도를 높이는 데 기여할 것입니다.

부록 A - 숏폼 어플과 AI 도구 활용

1. 스노우 (SNOW)

1) 주요 특징

- **AI 기반 카메라 어플**로, 사진과 영상에 실시간 필터와 효과 적용 가능.
- 숏폼 콘텐츠 제작에 필요한 편집 도구와 뷰티 필터 제공.

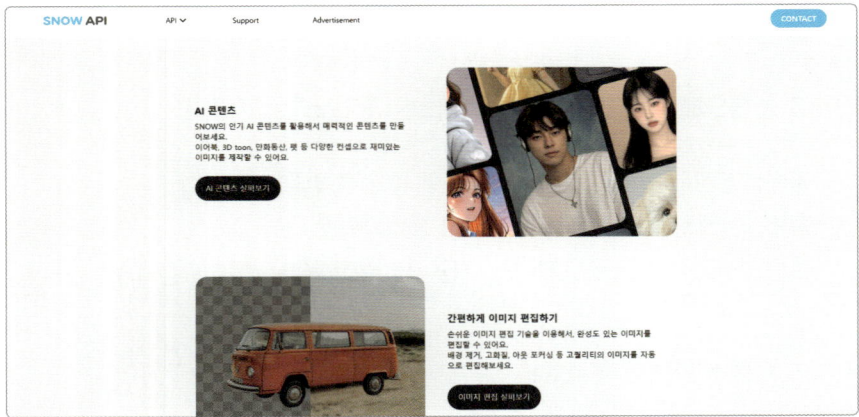

2) 기능과 활용법

1. 뷰티 필터와 AR 효과
- 피부 보정, 얼굴 윤곽 강조 등으로 시각적 매력 강화.

2. 스티커와 그래픽 효과
- 영상에 재미있는 스티커와 텍스트 추가.

3. 동영상 편집 도구
- 간단한 컷편집과 배경 음악 추가.

3) 활용 팁

- 스노우의 트렌드 필터를 사용해 콘텐츠를 개성 있게 제작.
- GIF 생성 기능으로 짧고 유머러스한 클립 제작.

2. InstaBeauty

1) 주요 특징

- 셀카 및 뷰티 필터 전문 어플로, 사진과 영상의 퀄리티를 높이는 데 최적.
- 숏폼 콘텐츠에 고화질 뷰티 효과를 더할 수 있음.

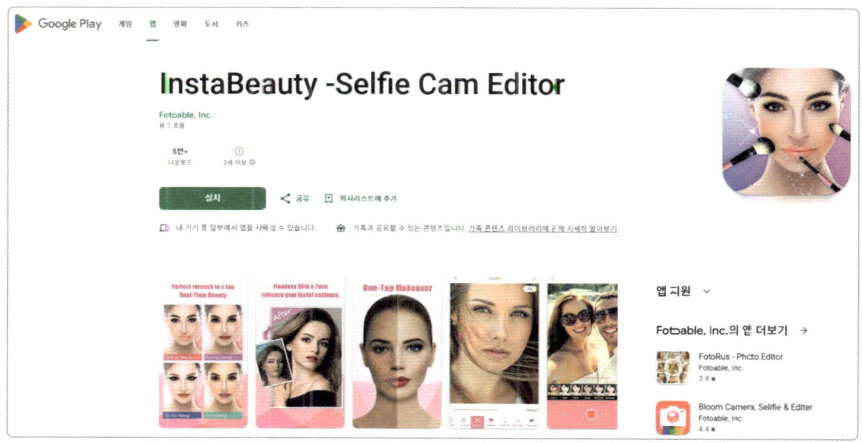

부록 A. 숏폼 어플과 AI 도구활용   217

2) 기능과 활용법

1. 피부 톤 보정
- 피부를 매끄럽고 빛나게 보이도록 자동 보정.

2. 메이크업 효과
- 가상 메이크업 도구로 립스틱, 아이섀도 등 추가.

3. 라이브 필터
- 실시간으로 필터를 적용하며 동영상 촬영.

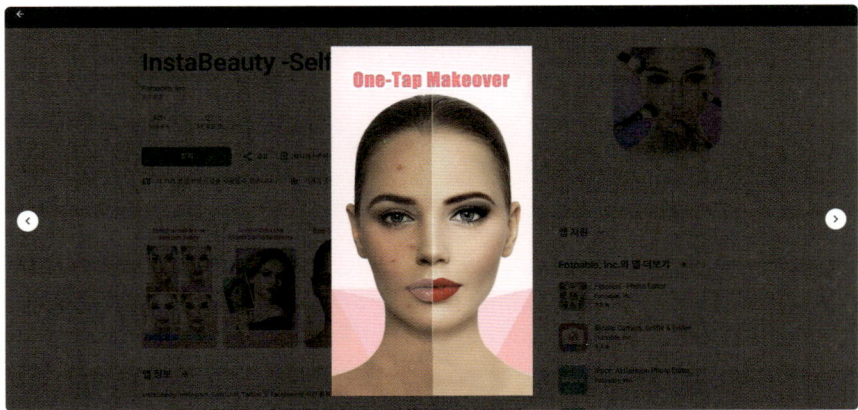

3) 활용 팁

- 자연스러운 뷰티 필터를 사용해 제품 리뷰나 개인 브랜딩 콘텐츠 제작.
- 메이크업 튜토리얼 숏폼 영상 제작에 활용.

3. Picsart

1) 주요 특징
- 전문적인 사진 및 동영상 편집 도구를 제공하는 **올인원 플랫폼**. 웹상에서도 사용가능하며, 모바일로 어플로도 사용가능함.
- 다양한 템플릿과 효고로 고퀄리티 비주얼 콘텐츠 제작 가능.

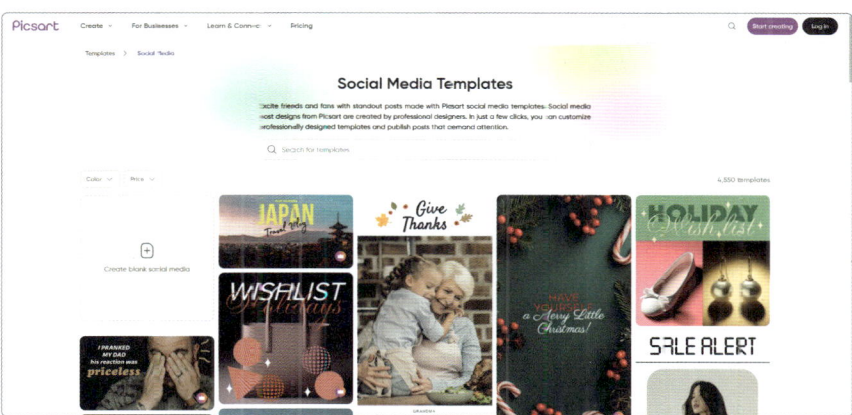

2) 기능과 활용법

1. 스티커· 텍스트 추가
- 텍스트와 커스텀 스티커로 영상에 개성 부여.

2. 비디오 효과
- 블러, 노이즈 등으로 영화 같은 분위기 연출.

3. 애니메이션 효과
- 텍스트와 그래픽에 동적 효과 추가.

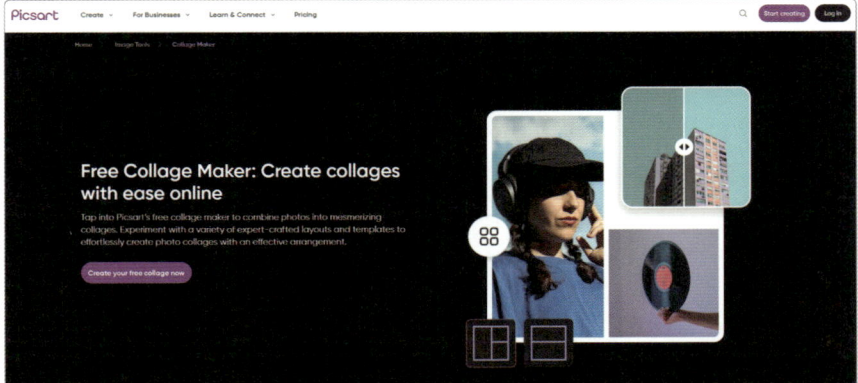

3) 활용 팁

- 숏폼 영상에 전문적인 썸네일을 제작해 더 많은 클릭 유도.
- 콜라주 기능으로 짧은 영상에 여러 이미지 삽입.

4. Fliki

1) 주요 특징

- **AI 기반 텍스트-비디오 변환 도구**로, 텍스트만 입력하면 자동으로 비디오를 생성.
- 음성 더빙 기능과 영상 템플릿 제공.

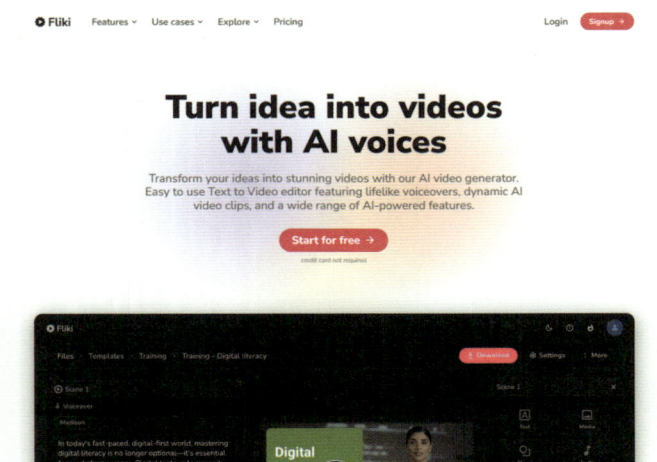

2) 기능과 활용법

1. 텍스트 기반 영상 제작
- 블로그 글이나 대본을 비디오로 변환.

2. AI 음성 내레이션
- 다양한 음성 옵션으로 자연스러운 내레이션 추가.

3. 이미지 및 음악 추가
- 이미지와 배경음악을 자동으로 매칭하여 완성.

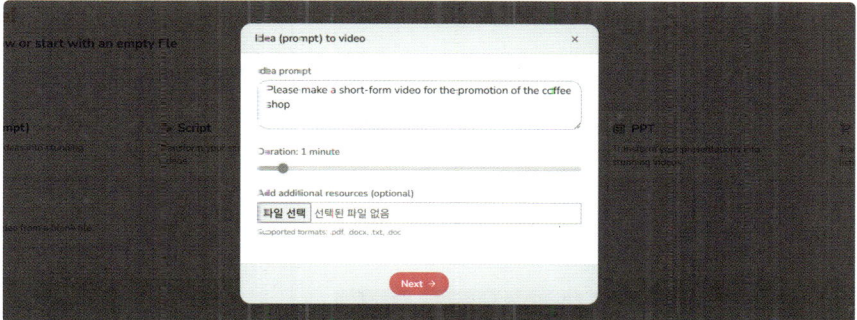

3) 활용 팁

- 정보성 콘텐츠나 간단한 교육 자료를 비디오로 제작.
- 빠른 속도로 브랜딩 비디오 제작 가능.

5. InsMind

1) 주요 특징
- **AI 기반 사진 및 그래픽 편집 도구**로 누구나 쉽고 빠르게 스튜디오 품질의 이미지를 제작할 수 있음.
- 직관적인 인터페이스를 통해 초보자도 고품질 콘텐츠 제작 가능.

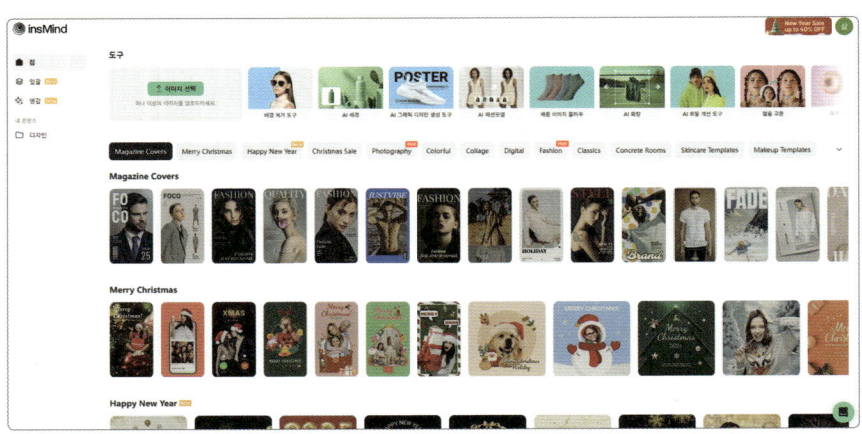

2) 기능과 활용법

1. 배경 제거 도구
- 클릭 한 번으로 사진 속 배경을 자동 제거하거나 변경 가능.
- 제품 사진이나 인물 사진에 최적화된 배경 처리 제공.

2. 스마트 이미지 크기 조정
- 다양한 플랫폼(소셜 미디어, 웹사이트)에 맞게 이미지 크기를 자동 최적화.

3. AI 디자인 생성기
- 텍스트 입력과 이미지 추가만으로 포스터, 전단지 등 시각 자료 자동 생성.

4. AI 패션 모델 활용
- 다양한 체형, 피부톤, 헤어스타일을 제공하는 가상 모델로 제품을 효과적으로 홍보.

3) 활용 팁

- 온라인 쇼핑몰 제품 사진을 간편하게 보정 및 편집.
- 마케팅용 포스터와 소셜 미디어 콘텐츠를 빠르게 제작.
- 비용 절감을 위해 AI 모델을 활용해 패션 및 홍보 이미지 제작.

6. Invideo

1) 주요 특징

- 다양한 템플릿과 직관적인 편집 도구를 제공하는 비디오 제작 플랫폼.
- 초보자도 쉽게 전문가 수준의 영상을 제작할 수 있음.

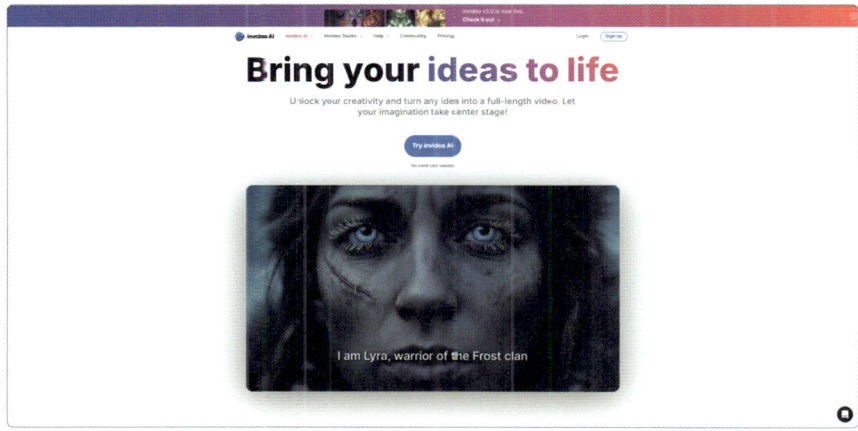

2) 기능과 활용법

1. 템플릿 기반 비디오 제작
- 광고, 제품 홍보, 정보성 콘텐츠에 적합한 템플릿 제공.

2. 드래그 앤 드롭 편집
- 손쉬운 편집 작업으로 텍스트, 이미지, 클립 추가.

3. 음악과 효과음 추가
- 라이브러리에서 적합한 배경음악 선택.

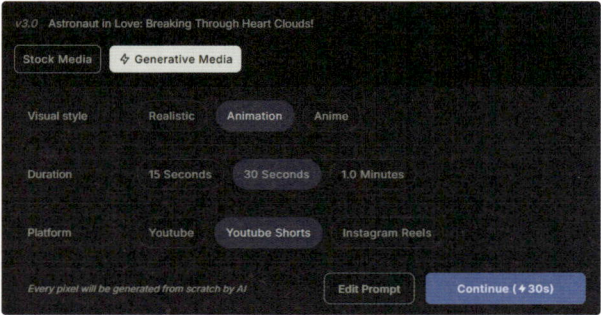

3) 활용 팁

- 쇼핑몰 홍보 콘텐츠 제작에 활용.
- 짧은 시간 안에 완성도 높은 제품 리뷰 비디오 제작.

7. OpusClip

1) 주요 특징
- 긴 영상을 자동으로 숏폼 콘텐츠로 변환하는 AI 기반 편집 도구.
- 유튜브 영상에서 숏폼 클립을 생성해 틱톡, 릴스용 콘텐츠로 변환 가능.

2) 기능과 활용법

1. 하이라이트 자동 추출
- 긴 영상에서 핵심 장면을 자동으로 추출.

2. 자막 생성 및 편집
- 자동 생성된 자막으로 시청자 몰입도 증가.

3. SNS 최적화
- 틱톡, 인스타그램 등에서 사용 가능한 세로형 비율로 변환.

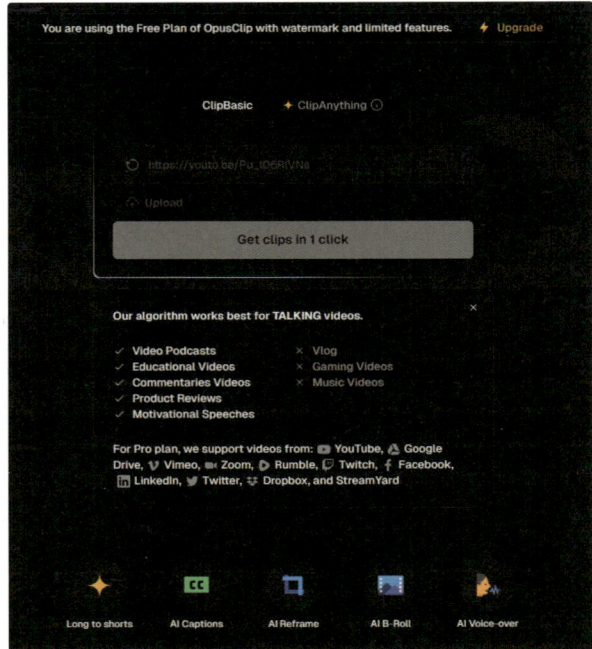

3) 활용 팁

- 기존의 유튜브 영상을 빠르게 쇼츠 콘텐츠로 재활용.
- 다양한 버전의 숏폼 콘텐츠 제작으로 채널 노출 극대화.

부록 B - 자주 발생하는 문제 해결 및 Q&A

숏폼 콘텐츠 제작 도중에 자주 발생하는 문제와 해결 방법을 정리하여 초보자부터 숙련자까지 참고할 수 있는 가이드를 제공합니다.
이 섹션에서는 CapCut, Vrew, 기타 어플 사용 시의 문제 해결부터 파일 연동, 호환성 문제에 대한 팁을 다룹니다.

1. CapCut, Vrew, 숏폼 어플 사용 시 자주 묻는 질문 (FAQ)

(1) CapCut 관련 질문

Q1. CapCut에서 영상이 불러와지지 않습니다.

- **원인:** 파일 형식 또는 저장 위치 문제.
- **해결 방법:**
  1. 지원되는 파일 형식인지 확인(MP4, MOV 등).
  2. 파일이 손상되었는지 확인하고, 다른 영상으로 테스트.
  3. 모바일에서 작업 중이라면 앱 권한(파일 접근) 설정 확인.

Q2. CapCut의 자막이 음성과 맞지 않아요.

- **원인:** 자막 생성 시 음성 분석 오차.
- **해결 방법:**
  1. 자막 타임라인을 수동으로 조정.
  2. 잘못된 자막 부분만 삭제하고 다시 추가.

Q3. 배경 음악이 너무 크게 들립니다.

- **해결 방법:**
  1. 타임라인에서 음악 트랙을 선택한 후 음량을 30~50%로 줄임.
  2. 음성을 강조하려면 "음성 우선" 기능 활성화.

(2) Vrew 관련 질문

Q1. Vrew에서 자막이 정확하지 않습니다.

- **원인:** 배경 소음 또는 음성 인식 오류.
- **해결 방법:**
  1. 영상을 녹음할 때 배경 소음을 최소화.
  2. Vrew의 자막 텍스트를 수동으로 수정.
  3. 언어 설정이 맞는지 확인(한국어, 영어 등).

Q2. 자막 스타일이 화면과 어울리지 않습니다.

- **해결 방법:**
  1. "스타일 편집" 메뉴에서 글꼴, 크기, 색상 변경.
  2. "배경" 옵션에서 자막 배경 투명도를 조정해 영상과 조화.

Q3. 내보내기 시 자막이 보이지 않습니다.

- **해결 방법:**
  1. "자막 포함 내보내기" 옵션이 활성화되어 있는지 확인.
  2. 내보낸 파일 형식을 다시 확인(MP4 권장).

(3) 기타 숏폼 어플 관련 질문

Q1. 틱톡 필터가 적용되지 않아요.

- **원인:** 앱 업데이트 부족 또는 네트워크 문제.
- **해결 방법:**
  1. 앱을 최신 버전으로 업데이트.
  2. 필터 적용 전 네트워크 상태 확인.

Q2. 스노우에서 영상이 저장되지 않습니다.

- **원인:** 저장 공간 부족 또는 설정 문제.
- **해결 방법:**
  1. 저장 공간을 확보한 후 다시 시도.
  2. 앱 권한에서 "저장소 접근" 활성화.

Q3. AI 어플(Fliki, Invideo 등)에서 생성된 영상의 품질이 낮습니다.

- **원인:** 기본 설정 문제.
- **해결 방법:**
  1. 내보내기 설정에서 해상도를 1080p로 변경.
  2. 소스 이미지나 텍스트의 품질 확인.

2. 자막, 음향, 디자인 작업 중 발생하는 문제 해결법

(1) 자막 관련 문제

Q1. 자막이 영상과 잘 어울리지 않습니다.

- 해결 방법:
  1. 폰트와 색상을 간결하게 설정(두꺼운 글꼴 + 흰색 또는 노란색 추천).
  2. 자막의 크기를 적절히 조정하고 하단 중앙에 배치.

Q2. 자막이 너무 빠르게 사라집니다.

- 해결 방법:
  1. 자막 타임라인 길이를 늘려 더 오랜 시간 표시되도록 조정.
  2. 중요한 내용은 한 화면에 한두 문장만 넣어 시청자가 읽을 시간을 확보.

(2) 음향 관련 문제

Q1. 배경음악과 음성이 겹쳐서 잘 들리지 않습니다.

- 해결 방법:
  1. 배경음악 볼륨을 낮추거나 "음성 우선" 기능 활성화.
  2. CapCut에서 "음성 볼륨 부스트" 기능 사용.

Q2. 음질이 왜곡됩니다.

- **해결 방법:**
  1. 원본 파일의 음질을 확인하고 손상 여부 점검.
  2. 배경 소음을 제거하거나 AI 기반 노이즈 컨슬링 기능 사용.

(3) 디자인 관련 문제

Q1. 자막과 그래픽이 겹쳐 가독성이 떨어집니다.

- **해결 방법:**
  1. 그래픽 위치를 조정하거나 크기를 줄임.
  2. 자막 배경에 반투명 색상을 추가.

Q2. 텍스트 애니메이션이 부자연스럽게 느껴집니다.

- **해결 방법:**
  1. CapCut에서 슬라이드 인/페이드 아웃 같은 기본 애니메이션 사용.
  2. 과도한 효과보다는 단순하고 부드러운 전환 효과 선택.

3. 다양한 도구 간 파일 연동과 호환성 문제 해결

파일 형식 문제

Q1. 파일이 다른 도구에서 열리지 않습니다.

· 해결 방법:
1. 파일 형식을 확인하고 MP4 또는 MOV로 변환.
2. 디자인 도구의 그래픽은 PNG(투명 배경)로 저장.

Q2. 해상도가 낮아 보입니다.

· 해결 방법:
1. 내보내기 시 해상도를 1080p 이상으로 설정.
2. 원본 이미지나 영상의 품질 확인.

4. 저작권 관련 문제 해결

숏폼 콘텐츠 제작 시 저작권 문제는 중요한 고려사항입니다.
영상, 이미지, 음악 등의 사용은 저작권 침해 위험이 있으므로 정확한 이해와 적법한 사용이 필요합니다.

(1) 저작권이란?

저작권(Copyright)
- 창작자가 만든 콘텐츠(음악, 이미지, 영상 등)에 대해 갖는 법적 권리.

저작권 침해
- 창작자의 동의 없이 콘텐츠를 사용하거나 수정, 배포하는 행위.

(2) 숏폼 콘텐츠 제작 시 저작권 문제가 발생하는 사례

① **음악 사용**
- 인기 있는 상업 음악을 배경음악으로 사용했을 때, 저작권자가 권리를 주장할 가능성.
- 플랫폼에서 영상이 삭제되거나 수익이 저작권자에게 귀속될 수 있음.

② **이미지 및 영상 클립**
- 온라인에서 다운로드한 이미지를 사용했을 경우, 원작자의 허락 없이 이용하면 문제가 될 수 있음.

③ **폰트 사용**
- 상업적 용도로 사용이 제한된 폰트를 무단으로 사용.

(3) 저작권 문제를 피하기 위한 안전한 방법

① 무료 라이선스 콘텐츠 활용
- 무료 음원 및 이미지 제공 플랫폼 사용

> 예 ▶ · **음악:** YouTube 오디오 라이브러리, Free Music Archive.
> · **이미지:** Unsplash, Pexels, Pixabay.
> *** 주의:** 라이선스 조건 확인 (상업적 사용 허용 여부, 출처 표기 요구 등).

② 저작권 걱정 없는 도구 사용

> · **CapCut:** 제공되는 음악과 스티커는 대부분 무료로 사용 가능.
> · **틱톡:** 플랫폼 내에서 제공되는 음악은 틱톡 콘텐츠 제작에 한해 사용 가능.
> · **미리캔버스/Picsart:** 무료 또는 상업적 사용 가능 여부를 확인한 후 사용.

③ 로열티 프리 콘텐츠 구매
- 유료 라이브러리 활용

> 예 ▶ Artlist, Envato Elements, Adobe Stock 등.

- 구매한 콘텐츠는 대부분 상업적으로 자유롭게 사용 가능.

④ 직접 제작
- **음악:** AI 기반 음악 생성 도구(AIVA, Soundraw 등)를 활용해 독창적인 배경음악 제작.
- **이미지 및 그래픽:** 직접 촬영하거나 디자인 도구를 활용해 창작.

(4) 플랫폼별 저작권 정책 이해

① 유튜브
- 저작권 음악 사용 시 **Content ID 시스템**이 자동으로 탐지하여 수익을 저작권자에게 배분.
- **YouTube 오디오 라이브러리**를 활용하면 무료로 안전한 배경음악 사용 가능.

② 틱톡
- 플랫폼 내 제공 음악은 틱톡 콘텐츠 제작용으로만 사용 가능.
- 플랫폼 외부에서 틱톡 음악을 사용할 경우 저작권 문제가 발생할 수 있음.

③ 인스타그램 릴스
- 인스타그램의 내장 음악 라이브러리를 사용하면 대부분 안전.
- 상업 계정은 라이선스 조건을 확인해야 함.

(5) 저작권 문제 해결 및 대처법

① 문제 발생 시 대응

> · 플랫폼에서 저작권 침해로 영상이 삭제되었을 경우:
> 1. 저작권 소유자에게 사용 허락 요청.
> 2. 원작자를 언급하거나 콘텐츠를 수정하여 재업로드.

② 사전 예방을 위한 팁

· **콘텐츠 사용 조건 확인:**
다운로드한 콘텐츠가 상업적 용도로 사용 가능한지 반드시 확인.

· **출처 명시:**
무료 콘텐츠의 경우에도 라이선스 조건에 따라 출처를 표기.

· **콘텐츠 아카이브 유지:**
사용한 음악, 이미지의 출처와 라이선스를 기록해 필요 시 증빙 자료로 활용.

(6) 저작권을 준수하면서 창작하는 법

1. 브랜드 아이덴티티 강화
- 고유한 색상, 폰트, 로고를 사용해 브랜드 정체성을 구축.

2. AI 도구 활용
- Fliki, Invideo 등의 AI 도구는 자체 제공하는 콘텐츠는 저작권 문제가 없음.

3. 협업
- 전문 음악가, 디자이너와 협업하여 독창적인 콘텐츠 제작.

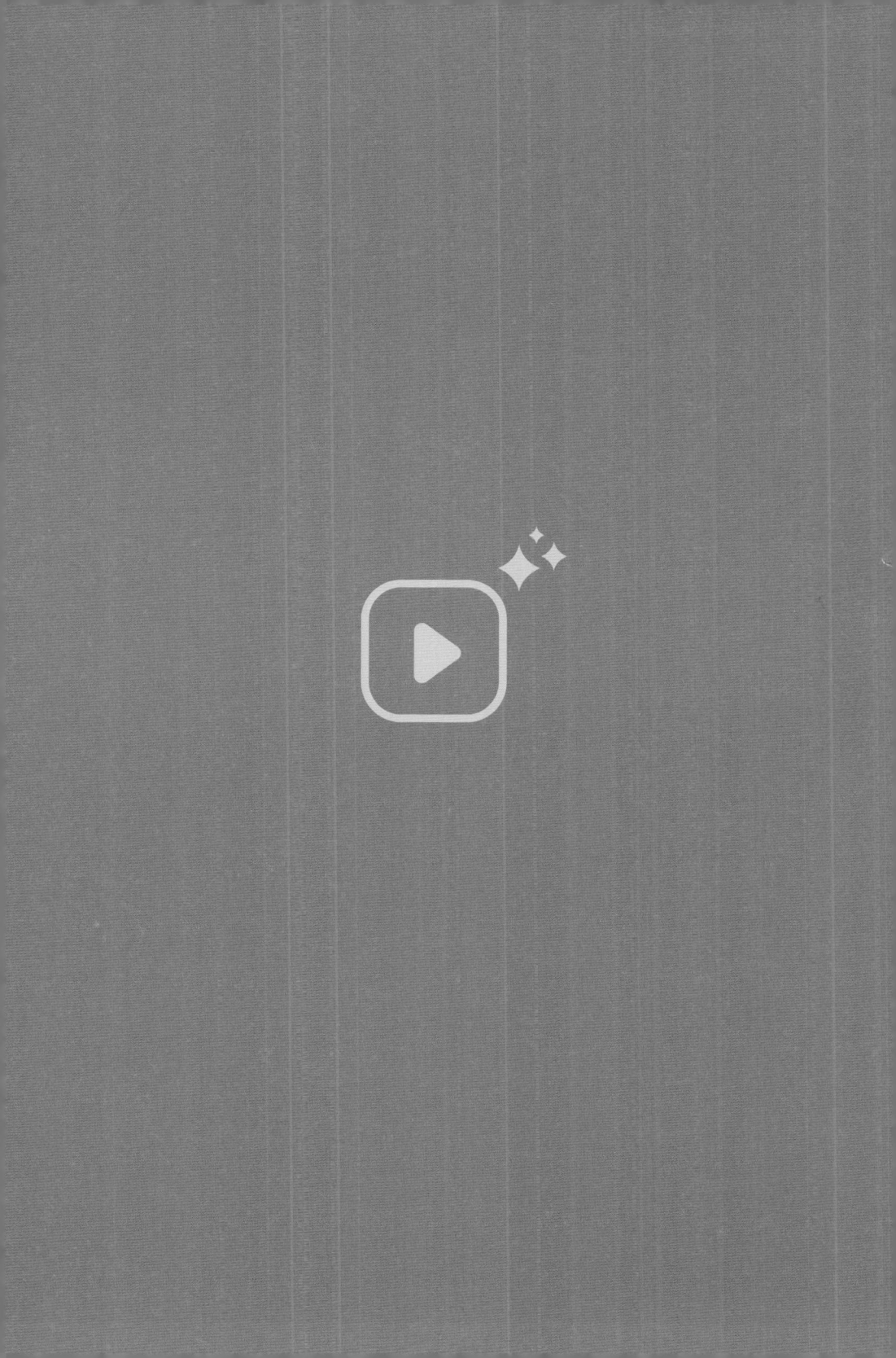

AI를 활용한 숏폼영상 제작가이드

발행일	2025년 2월 7일
발행인	신정범
저 자	장세인
디자인	최지현
펴낸곳	위메이크북
주 소	서울시 성북구 화랑로211 성북벤처창업지원센터 209호
ISBN	979-11-990616-2-0 03000
가 격	20,000원

*저작권법에 의해 보호를 받는 저작물이므로 무단 전재와 복제를 금합니다.
*위 도서는 wemakebook.co.kr 플랫폼에서 집필하고 출판된 작품입니다.